YO
AUTISTA

INDICE

Autor   - Amanda Hochfelder-Santi

Editior   - Evelyn Santi-Hochfelder, Psy.D.

             - Kelly Ann Santi

Illustraciones - Evelyn Santi-Hochfelder, Psy.D.

Editor Artístico - Peter Jimenez

             - Miguelangel Santimanzano

Para más información, visite AutisticMe.org

DEDICATORIA Y AGRADECIMIENTOS ESPECIALES

Dedico este libro algunas de las personas que me han ayudado a vivir una mejor calidad de vida. Quiero agradecer a mi madre por ayudarme a poner mis pensamientos en palabras cuando me atasco y no sé cómo continuar y por hacer ejercicios autistas conmigo. También le doy las gracias a mi padre Pedro por siempre estar disponible para mí y ayudarme con el arte gráfico de este libro. Gracias a mis tres perros Candy, Peanut y Pipo por ser tan pacientes y nunca enojarse conmigo. Agradezco especialmente a la doctora Shelley Slapion-Foote por estar a mi lado y darme su ayuda incondicional. También quiero darles las gracias a mi colegio Killian Oaks Academy por enseñarme, protegerme y hacerme sentir importante. Un agradecimiento especial para todo el personal de mi escuela de artes marciales Tae Kwon Do, en especial al Sr. Isaacs, la Sra. Isaacs y el Sr. Martín por su paciencia y estímulo constante lo cual me ayudarán a conseguir mi cinturón negro muy pronto. A mi Tío Teto, alias Miguelangel Santimanzano por ser tan impresionante en todo lo que hace, por ayudarme con el arte gráfico de este libro y arreglarme mi patinete eléctrico. Finalmente para el tío Tony, Tía Kelly y mis primos Kaitlyn, Christina, Victoria y el pequeño Tony por cuidar tan bien de mí y quererme tanto. Tía Kelly también me ayudó a editar el libro y encontró errores que el corrector ortográfico no detectó. Por último, este libro también está dedicado a todos esos autistas y sus familiares que los ayudan, que como yo, luchan todos los días para entender este complejo mundo con la esperanza de algún día poder integrarnos a él exitosamente y vivir una mejor vida.

SINOPSIS

Yo Autista, fue escrito por Amanda Hochfelder- Santi de15 años de edad un año después de enterarse de que era autista. El texto nos permite apreciar la impresionante perspectiva del mundo visto a través de los ojos de una adolescente autista. El libro está dirigido a personas autistas y a sus familiares y educadores, que se esfuerzan por ayudarles a integrarse a la sociedad y mejorar su calidad de vida e incrementar sus posibilidades de éxito en el futuro.

Amanda escribe sobre algunos de los problemas que ha encarado al ser una adolescente autista y explica con detalle ejercicios que le han ayudado a superar estas dificultades. Ella se enfoca en importantes factores claves que representan obstáculos para la mayoría de las personas diagnosticadas dentro del espectro del autismo. Incluye el contacto visual, contacto físico, expectativas sociales y la comunicación. También escribe acerca de las conductas repetitivas, ruidos repentinos, autoestima, ansiedad, niveles de energía, rutinas y aseo personal.

Yo Autista contiene información valiosa que ayuda al lector a comprender el punto de vista, algunos miedos y dificultades que encaran las personas autistas. Amanda también proporciona sugerencias y alternativas las cuales la han ayudado a entender mejor el mundo, las exigencias, reglas y expectativas sociales. Esta es una herramienta vital para las personas autistas y cualquier persona que quiera ayudar a una persona con autismo a vivir mejor.

INTRODUCCIÓN

Mi nombre es Amanda. Tengo 15 años de edad. Me enteré el año pasado de que soy autista. Hay muchas cosas que siempre quise hacer. Escribir un libro era una de ellas. Cuando empecé a pensar sobre qué tipo de libro quería escribir, me decidí a escribir acerca de mi vida, una adolescente autista. Sé que hay personas muy inteligentes tal como los médicos y científicos que hacen investigaciones y escriben sobre el tema. Yo no soy médico ni científico, pero soy autista.

Hay muchos chicos autistas como yo que también tienen padres y otras personas allegadas que se preocupan por ellos. Pensé que si podía escribir sobre lo que siento, mi forma de pensar y cómo interpreto las cosas, podría ser más fácil para que la gente nos entienda. Compartir los ejercicios que me han ayudado a hacer frente a mi autismo podría incluso ayudar a los padres a encontrar otras maneras de ayudar a sus hijos.

Hay diferentes tipos y severidad de autismo. Uno de ellos es el síndrome de Asperger pero aunque se parece en muchas cosas, no es mi diagnostico. De acuerdo a los profesionales yo soy autista con funcionamiento alto. Me siento muy afortunada de tener este tipo de funcionamiento, porque a pesar de que soy autista, puedo hablar y hacer muchas cosas.

Hay un gran número de autistas que no hablan y no saben comunicarse con otras personas. Ellos no pueden compartir con nadie cómo se sienten, sus miedos, sus alegrías o preocupaciones. Esto me hace sentir muy triste. Aunque sé que no todos los niños autistas piensan y sienten de la misma manera, también se que en muchas cosas son como yo.

Escribí este libro por dos razones. En primer lugar, si el lector es autista, como yo, se dará cuenta que no está solo. Tal vez algunos de los ejercicios que hago en los cuales he tenido éxito, puedan ayudarle a superar algunas de las dificultades diarias con las que se enfrenta. Si el lector no es autista, tendrá la oportunidad de ver las cosas desde mi punto de vista, el cual podría ser similar al el punto de vista de una persona autista que conozca. Esto puede ayudarle a obtener algunas ideas de cómo ayudarles a superar algunos de sus temores, subir la autoestima, funcionar mejor en la sociedad y sentirse mejor consigo mismo.

Mi madre y yo hemos creado un número de ejercicios que me ayudan a lidiar con las aéreas problemáticas en mi vida. Los ejercicios que hago casi a diario, no han salido de ningún libro ni han sido sugeridos por mi médico. Han sido desarrollados principalmente por mi madre y por mí, según me han ido surgiendo dificultades a lo largo de mi vida. Mi madre es doctora. Ella sabe muchas cosas y trabaja con la mente de los pacientes. Por ese motivo, sabe mucho sobre el autismo y me ayuda con los ejercicios que hago. Llamamos estos ejercicios "ejercicios autistas".

La manera en cual creamos estos ejercicios es primero identificamos un área donde yo esté teniendo dificultades. Por regla general, no se cuales son estas aéreas porque ser como soy es normal para mí. Cuando mi madre se da cuenta que hay algo en lo cual deberíamos de trabajar, me lo deja saber. Lo curioso es que hoy me doy cuenta que necesito ayuda en muchas aéreas pero no me había dado cuenta anteriormente.

Una vez escogemos el área que necesita ayuda, entonces creamos el ejercicio. Cada ejercicio es distinto porque está enfocado en ayudarme a mejor algo donde necesito ayuda. Muchas veces nos cuesta bastante encontrar la combinación perfecta. Después de crear el ejercicio, comenzamos a trabajar en el. Si no notamos mejora después de haberlo tratado unas cuantas veces, hacemos algunos cambios hasta que comencemos a ver algún éxito. Es muy frustrante tratar algo vez tras vez y no ver resultados positivos. Después de algunos ajustes, tarde o temprano las cosas van cayendo en su sitio y tenemos algún éxito. Me siento muy bien cuando esto ocurre.

Tenía 14 años cuando me enteré de que era autista. Eso fue hace apenas un año. Al principio, me asusté porque no sabía lo que eso significaba. Recuerdo que estaba en casa con mi madre viendo una película rentada. Había alguien en la película que hacía muchas de las cosas que hago. Cuando le pregunté a mi madre al respecto, recuerdo que pausó la película y comenzó a explicarme algunas cosas que yo desconocía. Una de las cosas que me dijo fue que yo era autista.

En ese momento yo no sabía lo que era el autismo. Me asusté porque soñaba extraño. Lo primero que le pregunté a mi madre fue si me iba a morir. Comencé a hacerle muchas preguntas casi al mismo tiempo. Ella trataba de responderme, pero mis preguntas continuaban unas tras otras antes de que pudiera terminar sus respuestas. Pensándolo bien ahora, mi boca era como una ametralladora disparando rápidamente balas llenas de preguntas. Mi madre trataba de atrapar las balas tan rápido como podía, poniendo respuestas dentro de ellas y me las devolvía. No era lo suficientemente rápida.

Yo quería saber, ¿Voy a morir pronto? ¿Esto es contagioso? ¿Cómo lo adquirí? ¿Tú me lo contagiaste? ¿Puedo contagiar a mis perros? Mi madre trataba de calmarme y me explicó algunas cosas. Ella respondió a todas mis preguntas y cuando me calmé un poco continuamos viendo la película.

Hay algunas películas que a veces no son muy interesantes pero enseñan cosas importantes. Se les llama películas educativas. A menudo vemos estas películas juntas y al final hablamos sobre lo que hemos aprendido. La película que vimos el día que me enteré de mi autismo era una de esas. Yo sabía que tan pronto la película terminara, íbamos a continuar hablando sobre el autismo. Cuando por fin la película acabó, pudimos hablar más del tema. Volví a sentirme como una ametralladora disparando preguntas sin parar. Yo no entendía todo lo que mi madre me explicaba. Algunas de las cosas estaban claras pero otras no tenían sentido. Hoy día se mucho más sobre el tema, pero todavía hay cosas que no tienen sentido para mí.

Una de las cosas que se me hace más difícil entender es el sentido común. Busqué el significado de sentido común en el diccionario y la definición es "inteligencia normal innata". La explicación no me ayudó mucho por lo tanto busqué la definición de "normal" y aparece como "un patrón típico o normal". En otras palabras, el sentido común es lo que la mayoría de las personas que son algo inteligentes harían en una situación específica. El problema es que los autistas no somos la mayoría en el mundo. En otras palabras, no pensamos ni interpretamos las cosas como la mayoría de la gente. Esto no quiere decir que no seamos inteligentes. Simplemente vemos las cosas de manera diferente y actuamos de una manera distinta a los demás. Si la mayoría de la gente en el mundo fuera autista, entonces seríamos nosotros, y no las otras personas, los que tendríamos el sentido común al cual el diccionario se refiere.

Lo más importante que me ha ayudado este último año y ha cambiado mi vida para mejor ha sido enterarme de mi diagnóstico. Siempre supe que era diferente, pero nunca entendí el por qué. Una vez supe el motivo, muchas cosas se aclararon. Todavía tengo un largo camino por recorrer, pero ahora siento que no ando a ciegas. Cuando las personas entienden algo es mucho más fácil tomar decisiones y actuar.

Cuanto más sé acerca de ser autista, más fácil es tratar de cambiar mi manera de hacer las cosas o de no sentirme mal por las cosas que suceden. Sigo haciendo mis ejercicios tan a menudo como puedo y probablemente, los continuaré haciendo por mucho tiempo. Una vez que domino un ejercicio y logro llegar a mi objetivo, me "gradúo" de ese en particular, y comienzo uno nuevo. La mayoría del tiempo trabajo en distintos ejercicios los cuales practico a lo largo del día. Es por eso que este libro va a ser como una guía. Voy a compartir algunas de mis experiencias y lo que ha funcionado para mí, e incluiré algunos dibujos para hacer mi explicación más clara. Si usted es autista o conoce a un autista de alto funcionamiento como yo, es posible que mis experiencias le resulten familiares y este texto les pueda ayudar a mejorar su vida como yo he mejorado la mía.

He leído un poco sobre el autismo. Estoy de acuerdo con los médicos que soy una adolescente autista de funcionamiento promedio alto. Ese es el motivo por el cual a veces hablo de mí usando las palabras "nosotros los autistas" y "nosotros". Esto no quiere decir que todos los autistas interpreten las cosas o sientan lo mismo que yo. Sin embargo, creo que la mayoría sí lo hacen.

Hay algunas cosas específicas en las que he estado trabajando que me han ayudado mucho. Sé que he mejorado mucho en este último año. He trabajado muy fuerte y ha valido la pena. Todos a mí alrededor incluyendo mi familia, los padres de mis amigos y mis maestros dicen que esto es cierto. Puede ser muy difícil y frustrante a veces, especialmente cuando algo parece que no está funcionando. Eso fue cierto especialmente al principio de comenzar mis ejercicios, cuando me enteré de que era autista. Mirando hacia atrás ahora, sé que todo lo que me hizo falta fue tener éxito en cualquier de las cosas que trataba de hacer. Eso me demostró que podía tener éxito y me dio fuerza para seguir adelante. Hay muchísimas cosas en las que un autista puede enfocarse y tratar de mejorar. A veces pienso que mis ejercicios y mis metas son interminables pero aquí sólo compartiré los que han sido más difíciles para mí.

CONTACTO VISUAL

La mayoría de las personas se miran a los ojos mientras tienen una conversación. Es de buena educación hacerlo, ya que les permite saber que la otra persona los está escuchando.

Por algún motivo que aún no puedo entender, los autistas como yo nos podemos sentir "amenazados" cuando miramos a los ojos de una persona, especialmente si la cara pertenece a un extraño. Mirar a alguien a los ojos nos puede asustar y hacernos sentir incómodos. Por este motivo, la mayoría de nosotros evitamos el contacto visual. Sin embargo, miramos a la persona cuando pensamos que no están conscientes de ello. Desafortunadamente, la persona con la que conversamos puede interpretar este comportamiento como grosero o como desinterés de nuestra parte. Sin embargo, este no es el caso. Es muy difícil tener una conversación con una persona, mientras uno se siente amenazado, asustado o preocupado. En el pasado, me sentía muy mal cuando alguien me miraba, o tenía que mirar a alguien en la cara. Yo estaba más preocupada por lo que la persona pudiese estar pensando que por lo que pudiese estar diciendo. Muchas veces me sentía asustada y amenazada. Me venían muchas preguntas a la mente, tales como: "¿Estará pensando cómo hacerme daño? ¿Por qué me mira tanto? ". También pensaba que si se daban cuenta que los estaba mirando podrían molestarse conmigo. Me pasaba la mayor parte de la conversación pensando en todas estas cosas en lugar de prestar atención a lo que estaban diciendo. Por supuesto, cuando llegaba mi turno para participar no sabía qué decir ya que no había prestado atención a la conversación.

Eso solía sucederme muy frecuentemente sobre todo con las personas desconocidas. De vez en cuando también me ocurría con personas de confianza, pero era menos frecuente. También me ocurría con fotografías. Si veía una foto de un extraño evitaba a mirarle a los ojos. Tal vez sea difícil para alguien que no es autista entender lo que sentimos. Cuando pienso en ello tampoco tiene sentido para mí. Sé que una imagen no puede hacerte daño. Sin embargo, el autismo no tiene mucha lógica para las personas que no lo sufren.

Me gusta hacer comparaciones porque pienso que así puedo hacerme entender más fácil. Hay muchas personas a las cuales no les gustan las serpientes. Ni siquiera quieren verlas en fotografía. Perciben algo amenazante sobre la imagen y se le hace muy difícil evitarlo. Es lo mismo que nos ocurre a los autistas cuando miramos a los ojos de alguien en fotografía o en persona. Claro que en persona nos sentimos mucho más amenazados. Lo curioso del caso es que a mí me encantan las serpientes. Puedo mirarlas sin ningún problema ya sea en fotografía o en persona. Me encanta estudiar sus patrones de la piel y sentir su textura. Si no son venenosas no causarán daño si se les deja en paz. Sólo atacarían para defenderse o para comer. Desafortunadamente mucha gente no es tan noble y por eso a veces me pregunto qué están pensando cuando me miran.

El primer ejercicio que quiero compartir tiene que ver con el contacto visual. Empecé a trabajar en esto mirándome fijamente a los ojos en el espejo. Conozco muy bien mi cara y por suerte no le tengo miedo. Sin embargo, es importante sentir una mirada que no sea amenazante, aunque sea la mía propia. Eso fue fácil. Cuando me sentí cómoda mirándome en el espejo, mi familia me ayudó practicando conmigo. Lo convertimos en un juego donde tendríamos conversaciones cortas y el propósito era mirar a la otra persona la mayor parte del tiempo, mientras continuábamos la conversación. Al principio me costó mucho mirarles a los ojos, así que les miraba entre las cejas. Empecé a hacer esto durante 15 segundos a la vez. Una vez me sentí cómoda, pasé al segundo paso donde enfocaba mi mirada fijamente en un ojo por unos segundos y luego en el otro, mientras continuábamos hablando. Pase a tener conversaciones de 15 segundos a 30 segundos y así sucesivamente.

He descrito este ejercicio en unas pocas frases, pero realmente me tomó algún tiempo dominarlo. Tarde por lo menos 30 días practicando con los miembros cercanos de la familia. Mi madre, mis primos... hasta mis tres perros. Los perros fueron mis compañeros de ejercicio más fáciles y dóciles y nunca tuve ningún problema con ellos. La mayoría de las veces que los miraba, se acercan a mí meneando la cola y tratando de lamerme la cara. Supongo que siempre supe que no iban a hacerme daño y por eso no me sentí amenazada. Eso lo hizo todo mucho más fácil.

Una vez sentí haber dominado el contacto visual con personas conocidas, comencé a practicar el ejercicio con extraños sin ellos saberlo. La cajera en el supermercado, el señor en la ventanilla del banco y otras personas que se presentaban inesperadamente. Comenzaba con cosas simples tales darles los buenos días o decirles gracias cuando terminaban de atendernos. En ocasiones les preguntaba la hora. Al principio fue difícil pero siempre recordaba que estaba haciendo un ejercicio. Poco a poco fui sintiéndome más segura de mi misma al hablar con otras personas. Hoy en día, soy capaz de tener conversaciones con un mejor contacto visual y también he aprendido a asentar la cabeza en acuerdo o desacuerdo, e incluyo digo "si, no y ya veo" cuando siento que es apropiado.

Esto permite que la otra persona sepa que estoy prestando atención y que estoy entendiendo lo que me dicen. He notado que últimamente la gente disfruta más conversar conmigo.

Reconozco que hasta el momento siempre he hecho estos ejercicios en compañía de alguien de mi familia. Me siento segura al saber que hay alguien presente que me puede ayudar en caso que algo salga mal. Nunca se sabe cuando alguien puede darte una mala contestación y me preocupa no saber reaccionar apropiadamente. Mi próximo paso es iniciar y practicar los ejercicios sola sin que nadie me guie. Creo que lo más difícil ya ha pasado. Hace un año apenas podía sostener una conversación simple con alguien allegado a mí. Mi contacto visual ha mejorado muchísimo este último año. Para seguir mejorando este aspecto de mi vida he de seguir con los ejercicios visuales ya que me he dado cuenta que cuanto más los hago, mejor me siento.

CONTACTO FISICO

La mayoría de las personas autistas evitan el contacto físico. Al igual que nos sentimos amenazados al ser el blanco de una mirada también nos incomoda sentir cuando nos tocan. Aunque el sentimiento es parecido para los dos tipos de contacto, toleramos menos el contacto físico ya que la amenaza puede estar mucho más cerca. La mayoría de las personas usan el contacto físico y visual como forma de comunicación entre ellas y esta es una de las áreas donde los autistas demostramos más dificultad.

Parte de mis ejercicios relacionados con el mejoramiento del contacto físico incluyen observar a personas que están interactuando ya sea en la vida real o en películas. He podido comprender que muchas personas se tocan unas a las otras como parte de su conversación. Ese contacto físico significa algo y su significado depende del momento y la manera en la que se hace. El sentido común juega un papel muy importante para poder interpretar el significado del contacto. Desafortunadamente, a la vez que el autista tiende a interpretar y comunicarse de una manera diferente a la población general, el sentido común no nos ayuda mucho a interpretar el propósito y manera del contacto.

El poder mantener una conversación exitosa requiere de muchos pasos y concentración para el autista. Si estamos tratando de integrar nuestro contacto visual y físico en la conversación, podemos usar una gran cantidad de de energía mental en tan sólo unos segundos. Hay muchas cosas ocurriendo en nuestra mente a la misma vez a las cuales tenemos que prestarle atención e interpretar rápidamente para poder comprender y poder participar en la conversación de una manera lógica.

En mi caso, primero determino si hay presencia de algún tipo de amenaza. Esto lo baso entre otras cosas en mi interpretación de la mirada, las palabras, el toque y el tono de voz de la persona con la cual estoy interactuando. También prestó atención a las expresiones faciales. Si la persona sonríe, significa algo distinto a sí aparece enojado. Alguien puede tocarme para llamar mi atención o para demostrarme su cariño y apoyo. Igualmente, otra persona podría tocarme de la misma manera pero podría tener otras intenciones.

Si conozco a la persona que me está tocando, se me hace más fácil reaccionar e interpretar su significado. Hay que tener en cuenta muchas cosas a la vez en un tiempo muy limitado para reaccionar de manera adecuada. Por este motivo el contacto físico es muy difícil para la mayoría de los autistas. Cuando se trata de tocar, yo soy como la mayoría. Estoy muy orgullosa de poder decir que este es el área donde más he avanzado. Ha sido un año muy difícil pero mi trabajo ha dado sus frutos.

La práctica de mis ejercicios autistas me ayudó mucho con el contacto visual. También me ayudaron otros ejercicios que tienen que ver con el contacto físico. Al principio, todos mis ejercicios fueron hechos con gente la cual sabía que esto era una forma de entrenamiento para mí. Esto me facilitó las cosas porque sentía que tenía cierto control y podía detener el ejercicio en cualquier momento. Logré tener una conversación con alguien mientras le tocaba el hombro y el cabello. Una vez termine mis ejercicios con éxito, entonces mi compañera hizo lo mismo conmigo hasta no sentirme amenazada. Esto funciona muy bien con los miembros de mi familia o amigos cercanos. Sin embargo, se me hace más difícil con la gente con las cuales no estoy familiarizada. Hay personas que aunque no sean autistas, no les gusta que un extraño les toque. He aprendido que a menos que se trate de un médico u otra persona que tiene que tocar a la gente como parte de su trabajo, nadie debe de tocar a nadie sin embargo, aún así hay muchas personas que se acercan mucho cuando tienen una conversación y tocan a los demás. Por esta razón, aunque yo no toque a nadie tengo que aprender a reaccionar al tacto de otra persona sin sentirme mal o amenazada. Una vez me sentí cómoda con mis ejercicios de contacto físico y visual, sentí que era hora de pasar a algo más difícil. Mucho más difícil...

Me inscribí en una escuela de Tae Kwon Do. Yo sabía que esto iba a ser un gran desafío. Lo pensé durante semanas antes de tomar una decisión. Habían pasado aproximadamente seis meses desde que me enteré que era autista y ya había terminado con mis ejercicios de contacto físico y visual. Fui a la escuela de Tae Kwon Do un par de veces para familiarizarme con la rutina. Me familiaricé con las caras de los instructores, los sonidos y la iluminación. También lo hice con algunas de las rutinas como por ejemplo, la manera en que los estudiantes entraban en la escuela y metían su tarjeta de asistencia en una ranura específica, luego se quitaba los zapatos y entraban en el área del deporte después de guardar los bolsos de ejercicio. Esto me pareció muy fácil porque era siempre la misma rutina. Lo que me preocupaba es lo que venía después. El maestro ordenaba a los estudiantes a hacer ciertos ejercicios, pero no eran siempre los mismos. A veces patadas y otras veces puñetazos. El problema es que no todas las patadas eran del mismo tipo al igual que los puñetazos. Pensé que lo más difícil para mí sería combate cuerpo a cuerpo. Esto es lo que ocurre cuando los estudiantes se ponen el equipo de protección y luchan unos contra otros dando, bloqueando y recibiendo golpes. Sabía que esto iba a ser mi mayor desafío hasta el momento y estaba en lo correcto.

Me siento muy afortunada de haber encontrado esta escuela. Los instructores y asistentes son muy agradables. Al principio me preocupaba no caerles bien porque no sabía cómo hacer las rutinas. Estaba equivocada. El Sr. y la Sra. Isaacs son los dueños de la escuela y también son instructores. El Sr. Martín es muy bueno y muy fuerte. El trabaja en otro sitio durante el día antes de ir a enseñar a la escuela y a veces entra más temprano para darme clases particulares y practica conmigo. Aún con toda esta ayuda se me hizo muy difícil. Tuve que conocer y familiarizarme con los estudiantes y tratar de mantener su paso y velocidad. Hacía los ejercicios y practicaba los movimientos que me decían. Lo más difícil fue cuando hacíamos combate de cuerpo a cuerpo. Muchas veces lloré. A pesar de que sabía que era parte de la clase, no me gustaba cuando me miraban y golpeaban. Al mismo tiempo tenía miedo de que se enojaran conmigo si les devolvía el golpe. Sabía que debería de hacerlo pero tenía miedo de las consecuencias. Por algún motivo, cuando los instructores eran mis compañeros y peleaban conmigo me daban mucho apoyo verbal y me decían que hacer. De esta manera, yo sabía que podía defenderme y no se molestarían. El problema era que la mayor parte del tiempo luchaba contra otro estudiante. Es difícil explicar lo que sentía en ese momento. Estaba asustada, confundida y frustrada. Yo sabía lo que tenía que hacer pero no me atrevía hacerlo. Es por eso que muchas veces lloré de la frustración pero siempre regresé. Me había propuesto conseguir un cinturón negro. Todavía estoy detrás de él.

Trato de ir a clase todos los días porque cuanto más voy, más mejoro. Sólo falto cuando tengo demasiada tarea y no la termino a tiempo. Quisiera compartir una experiencia exitosa. Hace unos seis meses, el Sr. Martín me habló de una competición de Tae Kwon Do que iba a llevarse a cabo en el estado de la Florida. Me propuso participar en él y me explicó que tendría que competir contra otros adolescentes de otras escuelas en dos categorías distintas. La primera categoría sería estilo y forma. Esta categoría no me asustaba porque requiere que los participantes hagan sus formas delante de los jueces sin tener que tocar o mirarse entre ellos. La segunda categoría era combate. Esto me preocupaba bastante porque tendría que pelear con alguien que no conocía. Me dieron la opción de competir en una categoría especial. Esta categoría es para adolescentes de mi edad que tienen algún tipo de discapacidad. Probablemente hubiera sido más fácil para mí competir en esa categoría pero quería competir en la misma categoría que los estudiantes de mi escuela. Me decidí a ir al torneo y competir en la categoría regular.

La semana anterior al torneo fue muy difícil para mí. Me pasaba las horas pensando en lo que podría suceder. Para llegar a la competencia tendríamos que viajar lejos de nuestra casa a un lugar que no conocía. Sabía que iba a competir con gente que no conocía y probablemente iba a recibir palizas por parte de gente extraña. Así fue tal y como sucedió pero en el fondo, hoy me alegro. Cuando por fin llegamos al torneo vi algunos de los estudiantes de mi escuela compitiendo en distintas categorías. Cuando llegó mi turno, algunos de mis compañeros se acercaron a la zona donde me tocaba participar para poder verme. La verdad es que aunque estaba muy nerviosa me sentí muy bien ya que nunca había tenido a tanta gente animándome.

Recuerdo que gritaban mi nombre... "Amanda.... Amanda... Adelante Amanda!!! Muy bien Amanda!!!". Al final, mi forma no fue de las mejores pero gané el segundo lugar en combate. Mi triunfo vino con una preciosa medalla la cual el juez me colgó alrededor del cuello. Mi madre lloró, pero dijo estar feliz. Este éxito reforzó lo bien que mis ejercicios autistas estaban funcionando. Aún así, siempre que tengo la oportunidad continuó practicándolos porque nunca están de más.

LAS SEÑALES SOCIALES Y DE COMUNICACIÓN

Éstas son probablemente las áreas más difíciles con las que los autistas tenemos que lidiar. Tengo muchas dificultades pero sigo trabajando en este área.

Hay diferentes maneras en que las personas se comunican entre sí. Puede ser solamente con palabras, tono de voz y movimientos corporales. Las personas con autismo suelen decir lo que quieren decir, exacta mente en la forma que lo sienten. Si tengo hambre, diría "tengo hambre". Suena lógico para mí decir lo que siento cuando lo siento pero he descubierto que sociablemente hay muchas ocasiones donde no está bien visto decir lo que se siente. Esto me confunde y me hace sentir insegura.

Tratar con gente que conozco es menos problemático para mí. Ya estoy familiarizada con la persona y la mayor parte del tiempo se lo que sus palabras significan, cómo se sienten y lo que están a punto de hacer. Tratar con un extraño es totalmente diferente. Si las personas se comunicaran utilizando el lenguaje verbal solamente, entonces no sería tan difícil la interpretación. Sin embargo, tengo que interpretar lo que están diciendo, su expresión facial, los movimientos del cuerpo y el tono de voz. Por ejemplo, aquí hay dos significados diferentes para una situación similar: La primera es que alguien te toca suavemente en el hombro, con una sonrisa en su rostro y un tono de voz suave, diciéndote que está feliz porque te has comido todas las galletas.

El segundo ejemplo es la misma persona tocándote fuertemente en el hombro con el ceño fruncido y un tono de voz áspero diciendo que está contento porque te has comido todas las galletas.

En el primer ejemplo, todas las señales coinciden pero no es así en el segundo ejemplo ya que lo que se dice está en conflicto o lo que se demuestra. Esto parece ser lo que la gente llama sarcasmo.

Estas situaciones ocurren todos los días a menudo. El problema es que no siempre ocurren exactamente de la misma manera. Al hablar con un desconocido tengo que prestar mucha atención no sólo a todo lo que dicen, sino también a todo lo que hacen con el fin de averiguar lo que están tratando de decirme. A veces es muy difícil hacer esto. Si la cara no coincide con sus palabras, tono de voz y lenguaje corporal me puedo equivocar. En la mayoría de los casos, sólo tengo un par de segundos antes de que sea mi turno para participar en la conversación. Es muy difícil poder responder a alguien cuando uno no está seguro de lo que le están diciendo. Ha habido muchas ocasiones donde tuve que guardar silencio y no estaba segura de cómo reaccionar. Esto me hace sentir mal por qué siento que la gente ha pensado que los ignoraba o que estaba siendo grosera. La mayoría de las veces ese no era el caso.

A los autistas como yo, les gustan los patrones porque nos ayuda a predecir lo que viene a continuación. Me siento bien al saber qué va a pasar porque de esta manera siento que tengo algo de control. Si hago una pregunta acerca de cuándo algo va a pasar no me gusta recibir un "pronto" por respuesta. "Pronto", no me da una respuesta específica a mi pregunta. Si la respuesta que me dan es "en un año", entonces me siento bien porque sé qué significa exactamente 365 días y mañana serán 364, al día siguiente 363 y así sucesivamente hasta llegar a cero. Por desgracia, estas son respuestas que la gente llama concretas y no son utilizadas muy a menudo.

Todo el mundo actual de una manera diferente, con diferentes tonos de voz, expresiones en su cara y así sucesivamente. Yo nunca sería capaz de saber exactamente cómo la gente va a actuar o lo que va decir. Para que esto suceda, yo tendría que conocer a todas las personas del mundo y memorizar millones y millones de combinaciones distintas y formas posibles de actuar y luego, ser capaz de analizar todos los patrones y decidir cuál alguien está usando en ese momento. Todo esto tendría que hacerlo en un par de segundos. De esta manera tendría el tiempo suficiente para comprender lo que realmente la gente quiere decir y darles una respuesta correcta. Realmente no creo que pueda ser capaz de esto. Sin embargo, hay otras cosas que si puedo hacer para mejorar mi comprensión de las señales sociales y de comunicación.

Las primeras impresiones son muy importantes y pueden determinar cómo las personas reaccionaran unos con otros en el futuro. Si le caigo simpático a alguien, hay una mayor posibilidad de que sean pacientes conmigo. Aún después de practicar mucho mis ejercicios, todavía se me hace difícil acercarme a un extraño, pero cuando lo hago trato de sonreír. Esto es difícil porque tengo que pensar en ello y planificarlo. La mayoría de las personas que no son autistas no tienen que planificar esto porque lo hacen automáticamente y sin pensar. La razón por la que sonrío es porque he aprendido que a la mayoría de las personas no les gusta sentirse amenazados y si se les acerca un extraño que está sonriendo posiblemente reaccionen mejor. Esto no siempre funciona, pero a mí me ha ayudado la mayor parte del tiempo. Este ejercicio me ha costado mucho trabajo. Recuerde que las personas autistas dicen y hacen las cosas exactamente como las sienten. No tenemos malicia. Nuestro sentido común funciona de forma distinta a las personas que no son autistas.

Anteriormente, para mí no tenía ningún sentido acercarme a alguien sonriendo a menos que estuviera pensando en algo que me hiciera gracia. Esto ha cambiado porque hoy entiendo el valor de la sonrisa y trato de usarla como una herramienta para suavizar el impacto inicial al conocer a alguien por primera vez. Aún así, mi sonrisa puede parecer forzada. Esto es debido a que estoy forzando una sonrisa y observando los ademanes y estado de ánimo del individuo al mismo tiempo que estoy pensando lo que voy a decir y cómo voy a decirlo y, al estoy tratando de predecir cómo el extraño va a reaccionar. Esto me recuerda cuando alguien quiere tomarme una foto y me piden que sonría. Después de unos segundos manteniendo la sonrisa se nota que está forzada. He visto fotos de personas sonriendo y me recuerdan a mí cuando yo hago la mía.

El espejo me ha ayudado mucho. Practico mirándome a la cara mientras sonrío. Esto me ayuda porque cuando hablo con alguien también trato de imaginarme como ellos me ven. Practico con mi familia a tener conversaciones mientras sonrío y, al mismo tiempo observo su sonrisa cuando hablan conmigo. La parte más difícil es no saber cuándo parar de sonreír. Se me hace difícil tener una conversación con alguien por más de un minuto mientras sonrío.

Las películas me han ayudado mucho. También hago este ejercicio mientras estoy viendo la televisión. Por lo general grabo películas antes de verlas. De esta manera, si la película me gusta puedo elegir escenas que me interesan y rebobinarlas una y otra vez mientras observo y aprendo las distintas maneras que las personas usan sus sonrisas. El grabar las películas tiene muchas ventajas. Puedo ver las partes que quiera cuantas veces desee y la mejor parte es que los personajes no están conscientes de que los estoy viendo. En la vida real me he dado cuenta que aunque las personas no sean autistas, se pueden sentir incómodos cuando están teniendo una conversación y notan que una tercera persona los está observando. Al ver películas grabadas tengo la oportunidad de poder observar la interacción y comportamiento humano sin que nadie se moleste.

Hay que tener en cuenta es que no es siempre apropiado mostrar una sonrisa. Es importante prestar mucha atención al tema de la conversación y la expresión de la otra persona. Si alguien está hablando de algo malo que le pasó tengo que tener cuidado de no sonreír. En ese caso, es mejor omitir la sonrisa y tratar de leer el rostro de la otra persona. Si están tristes, puede funcionar copiar su expresión. Pero hay que tener mucha cautela ya que pueden pensar que me estoy burlando de ellos. He notado que tengo más dificultad al tratar con alguien que está enfadado o sorprendido.

Algunas de las películas que ha grabado para mis ejercicios muestran a personas que están muy enojadas. Me he dado cuenta que cuando dos personas que están enfadadas tienen una conversación, por lo general todo termina en una discusión o pelea. También se me hace difícil tener una conversación con alguien que aparentan estar muy triste. Si pongo una cara seria la persona puede pensar que no me importa y no me preocupa su problema. Si pongo una cara de enojo, pueden pensar que estoy molesto con ellos por estar triste. Si pongo una cara triste tal vez se sientan peor.

Todas estas posibilidades y muchas más me pasan por la mente cuando interactuó con alguien. Hay muchísimas cosas que tenemos que tener en cuenta y valorar para poder entendernos bien. Aquí he mencionado solamente las más obvias que considero son la base de muchas otros factores muy importantes en la comunicación social. Obviamente, hay tantas cosas a tener en cuenta que a veces es difícil concentrarse en la conversación. Sin embargo, reconozco que cuanto más práctico, más aprendo.

LA EMPATIA: LA COMPRENSION DE SENTIMIENTOS AJENOS

Comprender los sentimientos de otras personas puede ser difícil para una persona autista. Debido a nuestra dificultad para entender las reacciones humanas, nuestra capacidad de empatía puede ser bloqueada fácilmente. Al confundirnos con la interpretación de las señales sociales y de comunicación, nuestra capacidad de entender sentimientos ajenos también se puede obstruir.

La capacidad de entender los sentimientos de otras personas nos puede mejorar mucho si los tenemos presente frecuentemente. Los ejercicios para ayudar al autista a entender los sentimientos ajenos requieren la ayuda de una segunda persona. Esto es algo que no se puede hacer sólo. El ayudante tiene que conocer muy bien la persona con autismo y debe de ser alguien que esté presente con frecuencia para que los ejercicios se puedan realizar de una manera tan seguida como sea posible.

En mi caso los ejercicios me han ayudado mucho a entender los sentimientos de otras personas. Mi compañero de ejercicio me ayuda a ponerme en los zapatos de otra persona. A veces se me hace difícil ponerme en la situación de otros y aquí es donde mi compañero entra en juego. Las historias y comparaciones pueden ayudarme, siempre y cuando me sean contadas de una manera concreta, específica y me incluyan a mí como protagonista. De esta manera puedo visualizar un escenario específico.

Mi compañero comienza con una historia acerca de una niña llamada Amanda que estaba pasando por una situación particular, y me ayuda a visualizar el escenario y los sentimientos de la protagonista. De esta manera, se me hace más fácil entender la alegría, tristeza, preocupación y miedo por la cual la persona está pasando. Es importante tener un socio paciente que conozca muy bien a la persona autista. Hay que tener en cuenta que debido a nuestra manera de pensar e interpretar las cosas, los ejemplos que se nos dan para ayudarnos a visualizar no pueden parecer una amenaza real. Recuerde que la persona autista puede percibir una historia como un hecho. Cuando se nos da un ejemplo, es necesario que tengamos claro que es tan sólo un ejemplo que puede ayudarnos a comprender mejor una situación particular. Es importante que entendamos que la historia no es algo que nos va a pasar en realidad.

Un ejemplo de algo que me ocurrió ayudará a explicar esto mejor. Hace aproximadamente un año, mi madre estaba manejando y vio a un perrito cerca de nuestra casa. Ella me dijo que una señora le estaba espantando con una escoba a las afueras de su casa. El perrito se veía asustado y se alejaba lentamente.

Mi madre se detuvo, se bajó del auto, y le preguntó a la señora si el perrito era de ella o estaba perdido. La señora le explicó que el perrito se llamaba Pipo y era suyo, pero no podía tenerlo más en la casa y se lo ofreció a mi madre. Cuando llegué a casa de la escuela, el perrito estaba en casa y mi madre me contó la historia de cómo fue que llegó allí. Ella me dijo que iba a tratar de encontrarle un hogar ya que nosotros tenemos dos perros más, pero eso nunca ocurrió porque él todavía vive con nosotros.

Al principio, el perrito no me caía bien. Mi madre era muy amable con él. Jugaba con él y le prestaba mucha atención. Esto me hacía sentir triste. Me daba cuenta que el perrito seguía a mi mamá por toda la casa y siempre estaba a su alrededor. Incluso cuando veíamos la televisión el perrito saltaba en el sofá y se sentaba al lado de ella para que lo acariciase. Recuerdo que esto me daba mucha rabia hasta que yo lo obligaba a bajarse del sofá y me sentaba al lado de mi madre. Luego ponía mi cabeza en sus piernas para que me acariciase a mí. Siempre me di cuenta que el perrito me miraba fijamente cuando yo hacía esto y en cuanto me levantaba del sofá para hacer cualquier cosa él volvía a saltar y a colocarse en mi sitio. Cuando él veía que yo regresaba se volvía a bajar del sofá. Mi madre se reía y decía que yo estaba celosa. No sé si eran celos pero si sé que estaba molesta porque nunca venía a mí para que lo acariciase ni se sentaba a mi lado a ver la televisión. Incluso le dije a mi mamá que quería que le buscara otra casa.

Mi madre y yo habíamos estado trabajando en los ejercicios para ayudarme a comprender los sentimientos ajenos. Hasta ese momento había estado usando distintos ejemplos los cuales me ayudaban un poco pero aún había muchas cosas que no podía entender. Sin embargo, cuando comenzamos a usar ejemplos con el perrito, sentí que por primera vez entendía todo mucho mejor. Los perros no son personas, pero tienen sentimientos. Lo que facilita las cosas cuando una persona lidia con perros, es que ellos actúan parecido a las personas autistas. Te puedes dar cuenta fácilmente si están tristes, molestos o felices. No utilizan las señales sociales, dobles sentidos o el sarcasmo como lo hacen los seres humanos. Lo mejor de todo es que te perdonan cuando cometes un error y siempre saben cuando estás triste y tratan de alegrarte.

El ejemplo que me ayudó tanto fue uno que mi madre usó y se trataba de una niña llamada Amanda. La habían echado de su casa, como a Pipo, y no tenía a nadie que cuidase de ella.

Amanda estaba perdida en un sitio desconocido y tenía mucha hambre, frío y miedo. Cuando se hizo de noche se cobijó en unos arbustos para dormir pero tenía mucho miedo de todos los ruidos que escuchaba. Cerca de ella vio unas ratas que la miraban fijamente y que posiblemente estaban esperando a que Amanda se durmiera para comerla. Incluso las ratas tenían un tenedor y cuchillo en sus manos.

En ese momento, una señora que paseaba cerca de los arbustos vio a Amanda. Se dio cuenta que la niña estaba perdida y tenía miedo. La señora también vio cómo las ratas estaban esperando el momento oportuno para atacar. La señora cogió a Amanda de la mano y le hablo suavemente. Le preguntó que si quería irse a vivir con ella a su casa y ella accedió. Cuando llegaron a la casa la señora le preparó el baño y le dio ropa limpia. Después le preparó una cena deliciosa y al final se sentaron en el sofá enfrente del televisor para ver una película. Amanda se sentía tan a gusto y protegida que ponía su cabecita en las piernas de la señora mientras la señora le acariciaba el pelo.

Esta historia me hizo comprender muchas cosas. Por fin pude entender los sentimientos ajenos. Me di cuenta que si la historia hubiese sido real y alguien me hubiera rescatado como en la historia, también me sentaría a su lado en el sofá. Le seguiría por toda la casa para asegurarme de que no se va y me abandona. Me sentiría muy triste si alguien me baja del sofá pero posiblemente en el momento que esa persona se fuera yo volvería a sentarme al lado de la señora para sentirme segura y querida.

Inicialmente, me puse muy contenta porque por fin entendí a comprender los sentimientos ajenos. Pero después me sentí muy triste porque me di cuenta de lo mal que me había comportado con el perrito. Dejé de llamarlo perro y empecé a llamarlo Pipo. Ese es el nombre que su dueña anterior le había dado.

Mi madre tenía un buen argumento. Cuando me dirigía al perrito y lo llamaba perro, ella me decía que a mí no me gustaría que las personas me llamasen "niña". El mismo día que comencé a llamarlo por su nombre, Pipo me sorprendió. Empezó a seguirme por toda la casa. Me dejaba acariciarlo y a veces se sentaba en el sofá junto a mí. Ponía su cabeza en mis piernas y movía la cola. Ahora lo llevamos en el auto todas las mañanas para dejarme en la escuela y le encanta regresar a buscarme por la tarde. Él se vuelve loco cuando me ve a lo lejos caminando hacia el auto. Lo oigo ladrar y siento que tengo una sonrisa en mi cara. Esa sonrisa no la tengo que practicar, ya que viene por sí sola. Estoy muy contenta de que Pipo viva con nosotros.

Tal como mencioné anteriormente, este ejercicio requiere la participación de una segunda persona ya que no se puede hacer sólo. El compañero es el que suele darse cuenta de la situación que requiere atención y ayuda a la persona autista a vivir el ejemplo creado reflejando los sentimientos de la otra persona. Esa persona tiene que ser muy paciente y estar dispuesto a repetir el ejercicio tantas veces como sea necesario y poder cambiar algunos de los hechos de la historia hasta que encaje de la manera correcta. Me tomó mucho tiempo encontrar un ejemplo que me ayudase a entender los sentimientos ajenos. Anteriormente, mi madre hacía este tipo de ejercicios conmigo y siempre entendía algo aquí y allá. Aprendí algo de todos ellos, pero creo que el ejemplo de Pipo ha sido el mejor hasta ahora.

Practico estos ejercicios y todos los demás que menciono aquí lo más frecuente que puedo. La verdad es que al principio no me gustaban mucho. Ha habido ocasiones donde me he sentido frustrada y cansada, especialmente cuando no veo resultados positivos inmediatos. Siempre hay algo más divertido que podría estar haciendo. Esto me ocurre a menudo cuando comienzo un ejercicio nuevo y tal vez pasan los días y siento que no he avanzado. Afortunadamente, conozco muy bien mi patrón y en cuanto noto que estoy teniendo éxito, por muy pequeño que sea, el ejercicio se vuelve un reto y me molesta menos llevarlo a cabo.

Los ejercicios usando ejemplos no son la única manera de mejorar la empatía. También la observación de otras personas, ya sea en la vida real o en películas, puede ayudar a entender cómo alguien puede sentirse. Vi una película llamada Extraterrestre. Se trataba de un niño marciano que vino a la Tierra con sus padres y se perdió. Una familia lo encontró y le ayudó a encontrar a sus padres y regresar a su planeta. Esta es una película muy antigua, pero mi madre la alquiló después de que adoptamos a Pipo para que me ayudara aun más a entender los sentimientos de nuestro perrito. Al igual que Pipo, ET estaba asustado, perdido, solo y con hambre. Él encontró a un niño que le tomó mucho cariño y lo ayudó. A continuación, ET dejó de tener miedo y quería muchísimo a la familia que lo había ayudado. Lo bueno de ver películas en casa es que se puede retroceder tantas veces como uno desee, para poder ver la expresión en los rostros de las personas. Esto me ayuda a entender ciertas cosas como las expresiones faciales que muestran miedo, sorpresa y emoción. También se puede pausar la película y hacer preguntas sobre algo que no entiende. Esto no se puede hacer en el cine por qué no se puede pausar la película y además, las otras personas que están ahí pueden molestarse si hablas mucho.

IMÁGENES VISUALES Y FOTOS

La comprensión es más fácil cuando uno puede usar la imaginación para visualizar lo que escuchan. La gran mayoría de las personas autistas como yo, tendemos a crear fotos en nuestra mente sobre lo que escuchamos. He escuchado a personas decir anteriormente que están de mal humor porque tienen tanta hambre que podrían comerse un caballo. Todas las personas han sentido hambre en algún momento. Si éste fuera el tema de la conversación, tendría sentido continuar con el tema y hablar de cómo nos sentimos nosotros cuando tenemos hambre. Desafortunadamente, no es tan fácil para nosotros.

Muchos autistas piensan usando imágenes parte o la mayoría de las veces. Personalmente, me gustan los dibujos animados. Muchas veces cuando escucho a alguien contar algo me imagino su relato creando imágenes en mi mente y muchas veces tienen la forma de un dibujo parecido a los que veo en la televisión.

La primera vez que escuché a un compañero de la escuela decir que estaba de mal humor y podría comerse un caballo recuerdo que mi mente se llenó de imágenes que reflejaban su mal humor. Me atrevería a decir que imaginé al menos 100 imágenes distintas casi simultáneamente. Todas mostraban su cara enojada. En algunas imágenes tenía los ojos grandes y desorbitados y en otras los tenía cerrados. Algunos de los rostros eran verdes, otros negros y otros rojos. En algunas tenía la boca abierta con la lengua fuera y en otras cerrada. Muchas veces mis imágenes tienen sonidos. Cada imagen puede tener los mismos sonidos o diferentes, como por ejemplo el rugido de un león. Todas estas imágenes me vinieron a la mente casi a la vez y veía a mi compañero en distintas formas con una servilleta atada alrededor del cuello y un tenedor y un cuchillo en sus manos persiguiendo a un caballo que corría asustado en medio de una finca. Recuerdo los distintos tipos de caballos que imaginé todos de diferentes colores y tamaños. Por supuesto, todos hacían ruidos distintos según huían de mi compañero.

El motivo por el cual imagino cientos de fotos en mi mente casi al mismo tiempo, es porque estoy tratando de visualizar la información que escucho y trato de visualizar lo que me están diciendo lo más acertadamente posible. Esto puede ser frustrante ya que muchas veces no estoy segura de cuál de todas las imágenes que imagino en mi mente es a la que la persona se refiere.

Una gran cantidad de personas con autismo tienen una tendencia a que comportamientos repetitivos y se pueden obsesionar fácilmente con un tema. Voy a hablar de esto con más detalle más adelante. En este momento sólo quiero mencionar que una vez que llega un pensamiento o una imagen a mi cabeza es difícil dejarlo ir. El pensar en imágenes tales como las del caballo me ha creado problemas en el pasado. Debido a la gran cantidad de imágenes que aparecen en mi mente cuando trato de visualizar lo que alguien me dice, ha habido muchas ocasiones en las que las fotos divertidas me han hecho reír. Ha habido situaciones donde he estado hablando con alguien que estaba enojado o triste y he estallado en una carcajada que no podía controlar. Esto ha causado que algunas personas se sientan molestas o decepcionadas por mi comportamiento. Seguro que pensaban que me estaba burlando de ellos. Ese no era el caso. Si yo hubiera podido traerlos a mi mente y mostrarles las fotos que estaba viendo, probablemente también se hubieran reído, pero eso no es posible.

Todas las personas tienen pensamientos repentinos o imágenes que vienen a su mente. Es posible que alguien esté distraído mirando la televisión o viendo a los perros jugar y de momento les viene un pensamiento a la mente. Esto también nos sucede a los autistas. A una persona que no sea autista tal vez se le haga más fácil deshacerse de un pensamiento distrayéndose con otra cosa. Debido a la tendencia de comportamientos repetitivos y obsesivos que tenemos los autistas, se nos hace más difícil deshacernos de un pensamiento que nos distrae o que nos llega en un mal momento. Esto me sucedió hace unos meses.

Estaba en clase de Tae Kwon Do. Ese día estaban dando clase el Sr. y la Sra. Isaacs, y el Sr. Martin. Yo los respeto mucho. Todos estábamos practicando nuestras patadas y formas. De repente, uno de mis compañeros hizo un sonido extraño al recibir una patada. Me pareció el mismo tipo de sonido que haría un extraterrestre asustado. De momento imaginé a todos los estudiantes y profesores con una cabeza de extraterrestre. Fue muy gracioso. Sus cabezas eran enormes. Eran como la cabeza del extraterrestre de la película ET. Los cuerpos eran los mismos que los de los estudiantes con sus uniformes normales, pero cada uno tenía una cabeza de extraterrestre con el mismo peinado que llevaban mis compañeros. Mi maestro, el Sr. Isaacs se afeita la cabeza. Su cabeza no tenía pelo. Pensé que era divertido ver a todos estos extraterrestres en uniforme de Tae Kwon Do practicando sus movimientos.

En ese momento, sentí que iba a soltar una carcajada así que apreté los labios tan fuerte como pude. Una pared entera de la clase es un espejo. Yo seguía apretando mis labios fuertemente pero cuando miré al espejo me di cuenta que ahora veía el doble de cabezas de extraterrestres en la clase. No pude más. Me eché a reír de tal forma que pensé que no iba a poder parar. De repente me di cuenta de que el Sr. Isaacs me estaba mirando. Me sentí muy mal. Él es una persona muy importante y yo no quería defraudarlo. Me di vuelta y continué practicando mis movimientos, pero no podía sacarme de la cabeza las imágenes de los ojos del Sr. Isaacs mirándome. Disimuladamente lo miré por el espejo y me di cuenta que ya no me estaba mirando. Sin embargo, mi mente seguía creando foto tras foto tras foto de la cara del Sr. Isaacs.

He aprendido dos cosas muy importantes de esta experiencia. A pesar de que tengo pensamientos obsesivos, algo importante o serio puede romper la obsesión. El Sr. Isaacs ha sido bueno conmigo y la posibilidad de que se molestara logró detener los pensamientos de los extraterrestres.

Lo primero que aprendí fue que mis pensamientos u obsesiones se pueden detener cuando me doy cuenta de una consecuencia negativa a causa del pensamiento. Hoy día, cada vez que tengo pensamientos indebidos en el Tae Kwon Do y me dan ganas de reír, recuerdo la mirada de ese día del Sr. Isaacs y por lo general los pensamientos desaparecen rápido. Todavía estoy trabajando en esto.

La segunda cosa que he aprendido es que a veces me obsesiono con cosas que realmente no están sucediendo ni van a suceder. Pensándolo una y otra vez, no creo que el Sr. Isaacs se diera cuenta de que ese día me estaba riendo. Él siempre está mirando a todos los estudiantes y tal vez fue una casualidad que cuando yo lo miré el estaba mirando en mi dirección. No estoy segura. Lo único que sé es que el temor de que él se fuera a molestar conmigo logró que todos los extraterrestres desaparecieran rápidamente.

RUTINA

Por lo general, a las personas autistas no les gusta el cambio. Un simple cambio de rutina puede ser muy estresante. Tener control sobre lo que va a ocurrir me permite predecir los resultados. Saber cuál va a ser el resultado me hace sentir relajada. Por desgracia, no siempre se puede tener control sobre las cosas. Puedo controlar las actividades diarias como la hora de comer, la hora del baño, como vestirme o irme a la cama. Sin embargo, hay situaciones que son difíciles de controlar como el clima y las reacciones de otras personas. El punto importante es cómo los autistas reaccionan ante las situaciones en las cuales no tienen control en comparación a las personas que no son autistas.

Las personas que no están en el espectro tienen una mayor capacidad para aceptar los cambios. Si una persona tiene la intención de ir a la playa, pero empieza a llover, puede optar por ir al cine. Una persona autista no es tan flexible. He estado trabajando en los ejercicios para mejorar en enfrentar los cambios y siento que me están trabajando muy bien. Antes de empezar mis ejercicios, tenía muchas más frustraciones y ansiedades que hoy en día.

Por ejemplo, recuerdo un día que había planeado pasar el día en la playa pero comenzó a llover antes de salir de casa. Mi día se arruinó totalmente porque anteriormente tenía más dificultad aceptando los cambios inesperados. Aquí es donde mi necesidad de controlar y predecir los resultados entra en juego.

Llevo mucho tiempo yendo a la misma playa así es que estoy familiarizada con los alrededores. Recuerdo que solía pasar los días anteriores planificando el día en la playa. Planificaba con antelación el traje de baño que iba a usar, el protector solar que llevaría, la comida y el contenedor que iba a empacar, la toalla específica... Hasta el sitio exacto donde iba a sentarme en la arena. Cualquier cambio por pequeño que fuera me molestaba porque ya tenía hecha una imagen mental. Una vez completada la imagen en mi mente, es como si aprestase la tecla de "salvar" en la computadora y no podía hacer ningún cambio. Si cuando llegaba a la playa el lugar que yo quería estaba ocupado por otra persona, no quería sentarme en otro sitio. Si se me terminaba el protector solar, no quería aplicarme de una botella diferente. Si empezaba a llover, me quería quedar allí, bajo la lluvia, esperando a que escampara. Los días siguientes después de algún pequeño contratiempo estaban arruinados y no querría regresar a la playa por un tiempo.

Es muy difícil o imposible controlar ciertas cosas que me afectan. Para poder aprender a lidiar mejor con los cambios, practico unos ejercicios usando como base algunas de las cosas que sí puedo controlar. Estos ejercicios pueden parecer simples y fáciles de hacer para las personas en general pero realmente son amenazadores y muy estresantes para el autista, sobre todo al principio. Lo que sigue es un ejemplo de cómo empecé a trabajar en los cambios.

Primero que nada busqué algo que sí podía controlar para usarlo de base en el ejercicio. Decidí usar la hora de la comida con todos mis patrones alrededor de ella. Un día típico para mí a la hora de comer se componía de sentarme en la misma silla, usar el mismo plato y vaso de siempre y cortar la comida en patrones, usualmente cuadrados para a continuación comer en un orden específico. Primero que nada comía toda la carne seguida por el arroz o cualquier otro acompañante pero si también había pan, sería lo que comería primero.

Mi ejercicio consiste en implementar pequeños cambios en cada comida. El hecho de que conozco mis patrones me da cierto sentido de seguridad. Recuerdo perfectamente cuál es mi patrón y el orden en la cual hago las cosas. Saber que estoy tratando de cambiar ese patrón y orden me crea cierta ansiedad pero al saber que puedo parar el ejercicio en cualquier momento que lo desee me hace sentir bastante bien. Una vez más, tengo cierto control sobre la situación Pienso que los ejercicios no funcionarían si en algún momento sintiese que no tengo algo de control sobre ellos.

La primera vez que inicié el ejercicio de rutina comencé cambiando la manera en la cual cortaba la carne. Solamente cortaba el pedazo que me iba a llevar a la boca y no la cortaba en un cuadrado. Mantuve el resto de mi rutina a la hora de comer e inicialmente ese fue el único cambio que hice. Recuerdo que me tomó cenar de esta manera seis veces hasta que me sentí a gusto para tomar el segundo paso.

El segundo paso consistió en cambiar el orden en la cual comía lo que tenía en el plato. Esto se me hizo más difícil ya que para mí no tiene ningún sentido cambiar mi patrón. Es como si mi mano supiera lo que mi boca quiere y lo escoge directamente del plato. Me imagino que esto sería como decirle a alguien que tiene que comer el postre primero. De todas formas logré mezclar la carne con el acompañamiento en el mismo bocado y no comer el pan al principio sino lograr que me durase a lo largo de la cena. Aunque no tiene mucho sentido para mí, a menudo cuando estoy haciendo los ejercicios recuerdo que mi propósito es tratar de aprender a hacer las cosas igual que la mayoría de las personas. De esta manera, se me hará más fácil comportarme cuando estoy en público.

El tercer paso consistió en cambiar de plato pero seguía utilizando el mismo vaso. También se me dificultó al principio pero me di cuenta que al lidiar con la ansiedad de usar un plato nuevo, olvidaba el estrés de no poder comer en el orden que yo quería o cortar la carne como me diera la gana. Ahora tenía que enfocarme en el plato nuevo y lo demás pasó a ser secundario.

El cuarto paso consistió en sentarme en distintos sitios en la mesa para cenar. La silla nunca fue un problema para mí. Podía sentarme en cualquier silla y eso no me molestaba. Lo que sí me incomodaba era cambiar de lugar en la mesa. Una vez que ya había completado los pasos uno, dos y tres del ejercicio, comencé a cenar en sitios distintos de la mesa. El lunes en un sitio, el martes en otro, así sucesivamente. Hoy día puedo comer tranquilamente en cualquier puesto de la mesa. La verdad es que tengo un sitio favorito que me gusta más que los demás y es donde suelo sentarme. Sin embargo, si alguien me lo pide o tenemos compañía, no me molesta tanto como antes hacer el cambio o ceder mi puesto.

Estos ejercicios no pueden ser forzados. El apoyo de las personas a nuestro alrededor es muy importante pero si el autista no está interesado, o no comprende el propósito del ejercicio, lo más seguro es que no llegue a funcionar y le cree más frustración. Se debe invertir todo el tiempo necesario para que funcionen bien. Sobre todo, no se debe de pasar al siguiente paso hasta que el paso anterior sea dominado adecuadamente.

Es importante clarificar que estos comportamientos son aprendidos y no se manifiestan naturalmente por si solos. El punto a recordar es que aunque el comportamiento que estoy practicando no tenga sentido para mí, es lo que se espera socialmente y no me queda otro remedio que acatarme a él si quiero ser aceptada en grupos sociales. Aún hoy día mi tendencia sigue siendo la misma. Si me dieran a elegir o sí sé que nadie me va a ver, siento más placer cortando la comida en patrones y comiendo en el orden que yo prefiero. El propósito del ejercicio no es cambiar mi tendencia ya que creo que eso no se puede hacer. Sería como decirme que ya no puede gustarme el chocolate. El propósito es aprender a aceptar ciertos cambios para que cuando esté con otras personas que no son como yo, pueda interactuar positivamente sin llamar la atención Sin embargo, ya no cuestiono si la acción tiene sentido o no ya que para mí no lo tiene. Simplemente trato de aceptar los cambios sin pasar el resto del día obsesionada por ellos. El tener en cuenta que estoy haciendo un ejercicio me ayuda a lidiar y aceptar el cambio. Al final del día comparto con mi familia cómo me sentí, cuál fue mi reacción y si fui capaz de funcionar adecuadamente el resto del día.

Una vez fui capaz de hacer frente a los cambios simples, tal como las comidas, me gradué a otros ejercicios. Algunos eran más difíciles que otros. Todos ellos me cuestan bastante al principio, pero se hacen más fáciles con el tiempo. Algunos de los cambios que me costaron menos trabajo fue la ruta a la escuela, mi peinado, lo que llevo para el almuerzo escolar y que asignatura completar primero. Todavía se me hace difícil hacerle frente a los cambios que me traen alguna decepción como por ejemplo cancelar un viaje divertido. De la misma forma, también entiendo que esto no es un sentimiento exclusivamente de las personas autistas ya que a nadie le gusta cancelar algo de este tipo. Esta decepción pertenece a todos los seres humanos y ser autista no tiene nada que ver con ello. La única diferencia es la manera en la cual el autista reacciona al cambio.

COMPORTAMIENTOS REPETITIVOS

He mencionado anteriormente que las personas con autismo se sienten más cómodas cuando pueden predecir lo que va a ocurrir a continuación.

Este es uno de los motivos por el cual no es extraño que los autistas tengamos comportamientos repetitivos. Sabemos lo que vamos a hacer, cómo nos vamos a sentir y cuál es el resultado final. La seguridad de poder controlar nuestra acción y predecir el fin nos hace sentir seguros y relajados. Algunos de estos comportamientos típicos pueden ser dibujar en patrones, tararear la misma melodía, mecerse o girar en círculos. Personalmente, me encanta hacer todo esto y me hace sentir bien cuando lo hago. A la misma vez, siento que es una manera de quemar energía.

Siempre fui muy observadora aunque creo que hoy los soy más aún. La gran mayoría de los ejercicios que practico requieren de alguna manera observar a otras personas. De esta manera puedo aprender el comportamiento y la reacción de otros. Me he dado cuenta que la mayoría de las personas, aunque no sean autistas, también demuestran comportamientos repetitivos. Sólo puedo asumir que los hacen para relajarse, al igual a mí.

He notado a mucha gente tarareando en el supermercado y dibujando patrones en un papel en el banco. También he notado que muchos de los padres que van a ver a sus hijos a las clases de Tae Kwon Do y se sientan en los bancos por un largo rato suelen agitar sus piernas o mecerse. Por este motivo, pienso que todo el mundo hace que estos movimientos en algún momento. La diferencia entre la población general y los autistas está en estar consciente de cuándo el comportamiento es adecuado y cuando no lo es.

Los autistas tenemos dificultades para darnos cuenta que estamos haciendo algo en un momento que no es adecuado. Por lo general, requerimos que una segunda persona nos llame la atención. El problema es que si estoy llevando a cabo algún comportamiento repetitivo es porque algo me ha creado ansiedad y estoy buscando relajarme. Si en ese momento alguien me llama la atención, es posible que me ponga aún más nerviosa y siga con el comportamiento con más intensidad. Hay que recordar que los autistas tenemos dificultades aceptando cambios y esto es aún más cierto cuando estamos nerviosos. Si estamos nerviosos y alguien nos pide que cambiemos el comportamiento, nos pondremos más nerviosos aun y se nos dificultará mucho más efectuar el cambio.

Tengo un ejemplo relacionado a este tema que me ocurrió hace un tiempo atrás. Un día fui al parque con mis padres. Estaba lleno de chicos de mi edad, y me sentí un poco intimidada. Mi madre me animó a subir a una estructura grande en forma de telaraña la cual los niños se turnaban para hacerla girar en círculos. Unos niños estaban subidos a ella mientras otros la hacían girar. Subí hasta la parte de arriba y me senté donde se encontraban otros niños y me sentí muy bien. Girar en una manera circular me relaja mucho y notaba que todos los niños disfrutaban mucho de ese movimiento. De repente una señora se acercó y comenzó a gritarme desde abajo. Ella dijo algo acerca de que había que turnarse para hacer girar la estructura. Me quedé helada y no sabía qué hacer. Aunque en ese momento no entendía bien lo que ella quería decirme más tarde caí en la cuenta de que me estaba reclamando que estaba disfrutando sin contribuir al trabajo que conllevaba girar la estructura. El único motivo por el cual no la entendí inicialmente fue por qué al gritarme me asustó y me puse tan nerviosa que no podía procesar lo que me estaba diciendo.

De repente, mi madre salió de la nada como un león gigante. A pesar de que le estaba gritando a la señora, yo no podía entender nada de lo que estaba diciendo. Yo estaba muy asustada y en ese momento me pareció que mi mamá estaba rugiendo. La señora agarró a su hija de la mano y se fue corriendo. Por su expresión creo que ella también percibió a mi madre como un león. A continuación, mi madre nos dijo a todos los niños que seguíamos montados en la estructura que nos aguantásemos fuertemente mientras ella se turnaba con otros niños a hacernos girar.

El patrón constante que sentía cuando la estructura giraba una vez más me hizo sentir muy bien y todos los niños seguían disfrutando. El motivo por el cual recuerdo ese momento fue porque me sentí muy mal. Estaba tranquila y relajada participando de algo divertido con otros niños y de momento la señora interrumpió mi patrón de una manera muy brusca. Comparo lo que sentí a estar en la playa tranquilamente acostada en la arena con los ojos cerrados, escuchando a las gaviotas. De repente todo se vuelve oscuro y aparecen cientos de fuegos artificiales estallando a un pie de distancia de mis oídos. Puede ser muy atemorizante.

Es imposible poder controlar todo a nuestro alrededor tal como lo que me pasó en el parque. No tenía control sobre la señora que me gritó. La verdad es que yo deseaba hacer girar la estructura, ya que para lograrlo hay que hacer algo que me gusta mucho lo cual es correr en círculos. Pero desafortunadamente no me atrevía a pedirles a los niños que me dieran un turno, ya que no los conocía. Tampoco conocía a la señora y es posible que ella pensara que me estaba aprovechando del esfuerzo de los demás. Obviamente no se pueden controlar todas las circunstancias especialmente cuando se trata del comportamiento de otras personas. Sin embargo, estar conscientes de nuestro entorno puede ayudarnos a evitar malas experiencias.

Ese día aprendí algo muy importante y lo recuerdo a menudo. No todas las reglas a seguir están escritas. Esto se llama sentido común. Desafortunadamente, el sentido común de nosotros los autistas es diferente al de los demás. Las reglas de sentido común rigen como uno debe de actuar especialmente cuando hay otros a su alrededor. La mayoría de los niños desarrollan el sentido común según crecen. Nadie tiene que enseñarles ciertas cosas porque las aprenden con el ejemplo, sin ni si quiera pensar en ello. Sin embargo, las personas autistas como yo, necesitamos que nos enseñen. El día del parque, alguien me debería de haber dicho en buena forma que la costumbre era turnarse a girar la estructura sin necesitar el permiso de nadie. Si todo el mundo fuera como yo, esa regla estaría escrita en frente de la estructura.

El ejercicio que empleo para evitar estas situaciones solía ser muy agotador pero con el tiempo se ha vuelto mucho más fácil. Me doy cuenta enseguida cuando estoy nerviosa. Mi corazón late rápido y, a veces sacudo las manos. Si en ese momento estoy sola o con gente de confianza, hago tranquilamente lo que me hace sentir bien. Puedo girar en círculos, tararear en voz alta, mecerme o cualquier otra cosa que me calme. Sin embargo, si hay extraños presente a mí alrededor, las cosas que puedo hacer sin llamar la atención están limitadas. He aprendido a tararear en mi cabeza. Trato de bloquear todo a mí alrededor y tararear una canción que me gusta. También pienso o imagino algo gracioso que sucedió en el pasado.

Tengo cuidado con lo que imagino porque en el pasado he tenido problemas por usar mi imaginación. Me está viniendo a la mente el ejemplo anterior de las cabezas de extraterrestres en la clase de Tae Kwon Do. Todavía me río cuando pienso en ello. Me he dado cuenta que lo que funciona mejor para mí es el tararear en silencio y pensar en algo agradable tal como en mis perros. Si nada de esto funciona, entonces trato de salirme de la situación. Si hay un baño o un lugar apartado al que puedo ir a hasta que me sienta mejor, trato de llegar ahí. Cuando me siento mejor, vuelvo a lo que estaba haciendo. Esto me funciona muy bien la mayor parte del tiempo. Ahora, hay situaciones en las que uno no puede retirarse del lugar y pueden ser realmente difíciles. Tararear me funciona muy bien.

Para resumir, el uso de comportamientos repetitivos tales como el tarareo o girar es apropiado cuando se llevan a cabo en el lugar y el momento correcto. Es muy importante para una persona autista encontrar un comportamiento aceptable que pueda llevar a cabo en un lugar público que le permita relajarse. Si el comportamiento funciona y lo puede calmar, el autista podría continuar con la actividad sin tener que retirarse de ella.

RUIDOS Y OLORES REPENTINOS

La necesidad de predecir eventos y consecuencias tal como ruidos inesperados y olores se encuentra presente en muchas áreas del autismo. El autista como yo es muy sensitivo a los ruidos y olores que nos toman por sorpresa. Hay que recordar que la sorpresa no nos permite planear y predecir el resultado ya que no nos hemos podido preparar, eliminando todo tipo de control sobre el hecho. Por este motivo cosas tan frecuentes como el ruido, especialmente si es inesperado, nos puede resultar muy desagradables. Al vernos fuera de control podemos sentir un nivel de ansiedad muy alto.

Muchos niños autistas pueden llegar a molestarse y sentir miedo al ver un globo. Otros pueden sentirse horrorizados al ver y escuchar fuegos artificiales. Esto es lamentable porque en la gran mayoría de las veces, los globos y fuegos artificiales forman parte de alguna diversión o celebración. Por ejemplo, la mayoría de las fiestas de cumpleaños están decoradas con hermosos globos. También hay muchos restaurantes que emplean a una persona vestida de payaso o de cualquier otro atuendo divertido para ir alrededor de las mesas ofreciéndoles globos a los niños en forma de animales. También he visitado varios parques de atracciones donde presentan un espectáculo de fuegos artificiales. Cuando se trata de globos y fuegos artificiales, lo que puede ser divertido y agradable para la mayoría de los niños puede ser aterrador para muchos niños autistas. Esto lo digo por experiencia propia.

Perdí la cuenta de en cuántas fiestas de cumpleaños a las que fui invitada entre al sitio, entregué mi regalo y salí corriendo en el momento que vi globos. Me pasaba los días antes de la fiesta preguntándome si habría globos, cuántos, qué forma y color tendrían y otras preocupaciones relacionadas con ellos. Entonces, si en efecto había globos y yo salía huyendo, me sentía terrible durante días después de la fiesta porque me fui y no pude divertirme.

También recuerdo muchas ocasiones cuando fuimos a comer a un restaurante con mi familia donde tuvimos que pedir el cheque e irnos después de haber ordenado pero antes de llegar la comida. En el momento que veía a una persona con globos ofreciéndolos a los clientes que estaban comiendo o si veía a cualquier niño en cualquier lugar en el restaurante con un globo, me entraba una ansiedad horrible y ya nadie podía disfrutar de la actividad.

Por último, recuerdo con mucho desagrado ir a los parques de atracciones y esconderme en un restaurante o un baño mientras ocurría la presentación de los fuegos artificiales. Al igual que me obsesionaba sobre las fiestas de cumpleaños, me pasaba los días antes del viaje a los parques pensando en los fuegos artificiales. Me preguntaba cosas como de que colores serían, cuantos estallarían, cuánto tiempo duraría la presentación y cuanto duraría el olor del humo. Mi pobre mente se llenaba de preocupaciones, mezcladas con la emoción de un viaje de diversión.

Es muy difícil para el autista o la familia del autista planear algunas actividades en conjunto, sobre todo cuando hay otras personas involucradas. Salir a comer, al cine o los parques es algo que se hace generalmente en grupos de personas. Saber que puedo arruinarle el día a otras personas por mis obsesiones u otras dificultades me pone triste. Mi familia es muy buena y cuando suceden este tipo de cosas no me regañan pero a veces siento que la gente se ha puesto triste a causa de mis temores. Por esta razón, he aprendido a planificar muchas actividades con todo esto en mente. Mi propósito al hacer esto es reducir las posibilidades de una decepción.

La presencia de globos y fuegos artificiales es algo que yo no puedo controlar. Lo que sí puedo hacer es informarme lo más posible sobre el evento. El tener información no me provee control pero sí algo de tranquilidad. Hay algunos cambios que he efectuado en mi manera de actuar y planear que me han ayudado a reducir la frecuencia de malas experiencias. Si hay un evento de grupo, mi familia y yo tratamos de asistir en un automóvil separado. Sé que no voy a poder jugar con otros niños en el camino de ida y vuelta, pero es más importante para mí saber que si es necesario, puedo irme cuando quiera mientras que los demás pueden quedarse. De esta manera no les arruinaré el evento a los demás. También puedo tratar de averiguar si va haber algo en el evento que me moleste como globos o fuegos artificiales y si ese fuera el caso podría optar por no ir.

He aprendido que es preferible perderme un espectáculo de magia que pasarme todo el espectáculo muerta de miedo, mientras espero que aparezca el acto donde el globo del mago explota al parecer la paloma. En cuanto las comidas fuera de la casa, conozco a muchos de los restaurantes de mi zona y se cuáles son los que no le ofrecen globos a los niños y prefiero comer allí. Cuando hay una oportunidad de ir a un restaurante nuevo, mi familia llama con anticipación y averigua lo que queremos saber. Ha habido veces que no nos ha dado tiempo a planear y nos hemos arriesgado. Cuando la aventura nos ha salido mal, siempre hemos encontrado un McDonalds o Burger King en el área que nos ha salvado la situación.

Por último, todos los parques de atracciones con espectáculo de fuegos artificiales tienen un horario fijo que seguir. Me ha ayudado mucho informarme a la entrada del parque a qué hora comienza el espectáculo y cuanto tiempo dura. De esta manera me aseguro de estar en un sitio seguro antes de que empiece el espectáculo, donde el ruido no haga mucho estruendo tal como en un restaurante. Esto puede sonar muy bonito y muy fácil pero aún siento mucho nerviosismo mirando el reloj el día entero asegurándome de que tengo tiempo suficiente para esconderme antes del espectáculo. Aún así, prefiero esta opción a perderme el día en el parque.

La mayoría de la gente no entiende toda la planificación que las personas autistas tenemos que hacer para tratar de disfrutar y tener éxito. La mayoría de los seres humanos dan esto por sentado, ya que sus mentes y sentido común trabajan de una manera diferente. Por ejemplo, a la mayoría de los niños que no son autistas les encanta el espectáculo de fuegos artificiales y no tienen que preocuparse de vigilar el reloj, de trazar un plan, o de tener miedo. Pueden emplear todo ese tiempo y energía en disfrutar y pasarlo bien sin que su alegría se vea afectada por la preocupación. Por lo tanto, es difícil para los demás entender cómo nos sentimos y poder valorar el sentimiento y nerviosismo que a veces vivimos para lograr algo que para otros no tiene ninguna importancia. Tal vez pueda clarificar esto con un ejemplo que me viene a la mente, para que alguien pueda entender cómo una persona autista puede sentirse en un restaurante donde los niños juegan con globos mientras comen.

Me encantan las serpientes de todas formas, colores y tamaños. Sobre todo me llaman mucho la atención las que tienen muchos patrones y colores vivos. Estoy consciente de que las serpientes venenosas no se deben de tocar pero hay otras que no son peligrosas. Me gusta cargarlas y acariciar su piel suavemente. Ahora imaginemos a una señora que le tiene miedo de las serpientes y entra a un restaurante a comer con su familia. De momento nota que uno de los dependientes del restaurante va de mesa en mesa ofreciéndoles a los hijos de los clientes serpientes de todas formas y colores para que se distraigan mientras comen. La señora no quiere caer mal ni arruinarle la cena a su familia así es que no dice nada y trata de que nadie note que está nerviosa y asustada. Los niños comienzan a jugar con las serpientes mientras comen, e intermitentemente las ponen alrededor de la silla, arriba de la mesa o se les caen al piso. A veces, las serpientes explotan haciendo un pequeño estruendo que toma a todos por sorpresa y sus cuerpecito largos y húmedos salpican toda la mesa. Todo esto sucede mientras la pobre señora finge estar disfrutando su comida mientras mantiene una sonrisa forzada y trata de participar de la conversación.

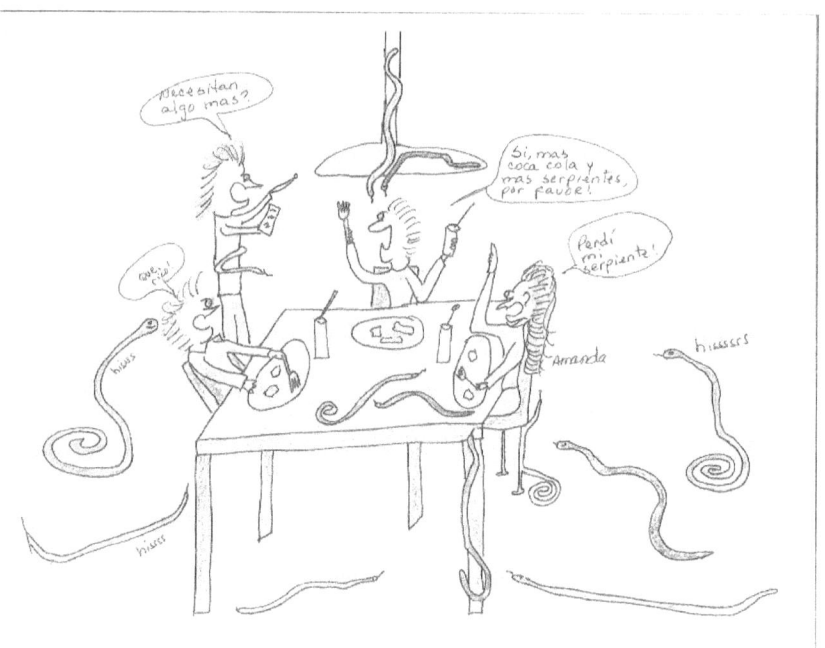

Eventualmente, todos terminarán de cenar y se marcharán a su casa donde la señora se sentirá fuera de peligro y más tranquila. Desafortunadamente, la tranquilidad no le duraría mucho tiempo si ella supiera que de ahora en adelante cada vez que vaya a un restaurante puede encontrarse con estas bellas criaturas las cual la esperan para deslizarse por la pata de su silla hasta llegar arriba de la mesa y acompañarla mientras disfruta de su cena.

Esta experiencia no me causaría preocupación ni nerviosismo alguno pero enfrentarme a unos simples globos es un obstáculo para mí. Cuando la gente que trata de ayudarme no entiende cómo me siento, a veces me dan sugerencias que para mí no tienen ningún sentido. Sé que lo hacen de buena fe y a veces no entienden por qué sus ideas no funcionan. En el pasado, cuando he estado comiendo en un restaurante ha habido personas que al tratar de ayudarme me han sugerido que trate de no mirar a los globos, o que me sienta de espaldas a ellos. Me pregunto si la señora del ejemplo de las serpientes podría disfrutar en un restaurante sentándose a espaldas a ellas pero sabiendo y escuchando que se están deslizando por todo el restaurante.

No puedo controlar la mayoría de las circunstancias fuera de mi casa, pero trato de prepararme lo más posible intentando anticiparme a los eventos. Los ejercicios que practico para aprender a lidiar los ruidos y fuegos artificiales son simples, pero requieren de mucha repetición. Una de las cosas que hago es entrar en el Internet y ver videos en Youtube que tengan que ver con globos y fuegos artificiales. Puedo verlos tantas veces como lo desee. Comienzo mirando la pantalla sin volumen. El simple hecho de verlos me causa impresión pero el saber que no hay volumen hace las cosas más fáciles. Una vez me siento cómoda mirando las imágenes voy subiendo el volumen poco a poco. De por sí, las personas autistas pueden ser muy sensibles a los sonidos, así que nunca subo el volumen exageradamente para no hacerle daño a mis oídos. Este ejercicio me ayuda a acostumbrarme al ruido, pero no a la sorpresa. Una vez veo un vídeo, lo memorizo enseguida y ya sé cuándo el ruido va a ocurrir y estoy preparada para ello. Es desagradable cuando veo el video por primera vez y no sé cuándo va a venir un ruido repentino ya que no me da tiempo prepararme.

Entiendo que es muy normal para el resto de las personas gritar cuando son sorprendidos por un ruido, pero luego vuelven a la normalidad. He visto suceder esto en el cine, especialmente en las películas de horror. La diferencia es que después del grito o la sorpresa, la gente suele reírse y sigue adelante disfrutando del resto de la película. Es más difícil para las personas autistas reaccionar de esa manera. Lo más posible es que después del susto, el autista se quede preocupado el resto de la película pensando que en cualquier momento puede haber más ruidos fuertes inesperados y esto puede estropearle el resto de la tarde.

Practico estos ejercicios cuando pienso que lo necesito. Por regla general, esto ocurre después de un susto. Es cierto que me ayudan a familiarizarme con ruidos inesperados como gritos y explosiones pero la sorpresa de lo inesperado sigue sin agradarme. Cuando nada me funciona, opto por lo simple y me cubro los oídos con las manos. Primero decido si quiero quedarme en el lugar o puedo irme. Si he elegido quedarme, es porque acepto que tendré que taparme los oídos a menudo, pero el saber que tengo la opción de irme me hace sentir mejor.

En el pasado, he optado por quedarme en el cine, donde algunos niños tenían globos delante de mí. Yo estaba muy nerviosa, pero la película era muy buena y preferí quedarme. Me pasé la última mitad de la película tapándome los oídos en caso de que algún globo estallara. Afortunadamente, el volumen de la película estaba lo suficientemente alto y podía escuchar bien el diálogo aún cuando me tapaba los oídos. Al salir del cine, mis orejas estaban coloradas de tanta presión que le puse con mis manos. Me entristece saber que mucha gente no entiende por lo que pasamos los autistas y a veces se equivocan pensando que somos maleducados.

ENERGÍA

La energía es buena cuando uno puede deshacerse de ella. Siento que tengo mucha energía casi todo el tiempo. Siento como si tuviera millones de burbujas dentro del cuerpo explotando rápidamente y al romperse liberan dosis constantes de energía. Yo llamo a esto tener los "Rapiditos". Las veces que me siento cansada o lenta, digo que tengo los "Despacitos".

La energía es maravillosa porque me ayuda a hacer las cosas más rápido. Sin embargo, cuando no tengo manera de liberarme de ella puede ser un problema. Esto les ocurre a todas las personas aunque hay algunas que tienen más energía que otras. Sé que hay algunas condiciones médicas y dietas que pueden afectar los niveles de energía de las personas, pero no puedo hablar de esto porque no sé lo suficiente sobre el tema. En este momento me refiero a lo que sucede cuando uno no puede deshacerse de un brote de energía que le causa ansiedad.

Voy a hablar acerca de la ansiedad más adelante con un poco más de detalle pero por el momento sólo quiero mencionar que el no quemar la energía que uno siente puede crearle ansiedad. No importa si la persona es autista o no. Esto se le aplica a todo el mundo. Hay formas positivas y negativas para usar la energía. La mayoría de las cosas que nos ayudan a quemar la energía son positivas. Hacer ejercicio o jugar puede ser divertido. Por desgracia, hay muchas personas que no le gusta hacer ejercicio, o puede que no tengan con quien jugar. Participar en un deporte es excelente porque no sólo ayuda a emplear la energía sino que también está interactuando socialmente. El no utilizar la energía de una manera positiva no solamente puede causar ansiedad sino también aumento de peso y para empeorar las cosas, hay personas que se sienten mejor comiendo cuando están ansiosos.

Las personas autistas pueden tener un alto nivel de ansiedad. Si no aprenden a emplear la energía de una manera positiva, todo a su alrededor se le puede hacer más difícil. Sería muy difícil hacer cualquier tipo de los ejercicios que hago para mi autismo cuando siento esos brotes de energía. Personas que me conocen bien cómo mis familiares, maestros y amigos me han comentado que tengo un nivel de energía muy alto. Me gusta mucho la bicicleta, correr, nadar y todo lo que tenga que ver con el movimiento físico. Tengo mucha suerte porque al gustarme todo esto no solamente quemo la energía que tengo sino que también lo disfruto al mismo tiempo.

Considero que es muy importante encontrar la actividad o actividades físicas que le gusten a la persona autista. Hay veces que a uno le gusta hacer algo pero no tiene las posibilidades para hacerlo. Por ejemplo, alguien que le guste la natación pero no tenga donde nadar. También alguien que le guste el ciclismo pero no tenga bicicleta. Nosotros los autistas somos personas muy simples. Les podría parecer mentira con las cosas tan insignificantes con las cual nos podemos distraer. Lo más importante es identificar el tipo de actividad que le gusta a la persona autista para facilitarle el que pueda llevarla a cabo.

Hace muchos años, recuerdo que ocasionalmente me evaluaba una terapeuta ocupacional. Me ponía a dar saltos, a girar y a coger cosas pequeñas con las manos ya que mi coordinación motora visual no era muy buena. Recuerdo que les dijo a mis padres que yo tenía que quemar mucha energía porque de otra manera no podría concentrarme en otras cosas importantes. Como la terapeuta sabía que me gustaba muchísimo girar, recomendó a mis padres que colgaran un columpio de uno de los árboles de nuestro patio que en vez de tener una asiento al final de la cadena, tuviese una goma de automóvil para que yo colgara mi cuerpo sobre ella y girase todo lo que quisiera. De esto hace ya como 10 años pero aún recuerdo las horas que pasé jugando con esa goma. Ahora tengo 15 años y aún tengo un columpio de este tipo en el patio.

Hago todo lo que puedo para emplear mi energía de una manera positiva.

El Tae Kwon Do me ha ayudado mucho y voy y lo más a menudo que puedo. A veces, cuando termino mi clase pero siento que aún tengo mucha energía, le pido permiso al instructor para que me permita participar en la clase que comienza a continuación de la mía. He notado que cuando hago esto duermo mucho mejor y aunque me levante con mucha energía una vez más, sé que haré las cosas rápidas y feliz.

Tengo un apetito muy saludable. No me viene a la mente ninguna comida que no me guste. Mi madre me cuenta que de bebé ella siempre me daba todo tipo de alimentos. Creo que esto me ayudó a no ser exigente con la comida. También me gusta comer golosinas de vez en cuando, pero no es algo que anhelo frecuentemente. Puedo comer chocolate, galletas o patatas fritas pero si tengo la opción prefiero comer un buen trozo de carne.

Menciono el apetito, porque sé de otros niños autistas como yo, que comen cuando sienten que tienen mucha energía. Esta puede ser su manera de quemar la energía, pero no es la correcta si realmente no tienen hambre o están comiendo chucherías. Sienten que están quemando la energía porque de alguna manera están moviendo su cuerpo. Están moviéndose en patrón. La mano al plato, a la boca, masticar y tragar una y otra vez. Este patrón nos puede hacer sentir muy bien. Si por algún motivo la persona autista se rehúsa a dejar de comer, las personas encargadas se deben de asegurar que la comida sea sana. Esto puede ser difícil pero no imposible. Es cierto que no nos gusta el cambio. Particularmente a mí no me gusta cuando me cambian las meriendas. Sin embargo, cuando tengo mucho apetito, puede más el hambre que mi autismo y finalmente como lo que me pongan enfrente. Recuerdo una experiencia que tuve que me gustaría usar como ejemplo.

Mi perrito Pipo lleva con nosotros como un año. Venía de otra casa, donde estaba acostumbrado a comer lo que le dieran sus dueños. Cuando vino a vivir conmigo, no comió bien durante los dos primeros días. Probablemente se sentía triste porque lo echaron de su antiguo hogar, o porque no le gustaba la comida que le dábamos. Pasaron casi dos días donde apenas tomaba agua. Mi madre pensó que tal vez tendría que cambiarle el tipo de comida porque tenía miedo que Pipo se enfermara si no comía pronto. Afortunadamente, al final del segundo día, nos dimos cuenta que su plato estaba vacío. Me alegré mucho al ver que se le quitó la tristeza y aprendió a comer alimentos diferentes. Hoy día Pipo es como yo cuando se trata de los alimentos. Es comelón y siempre que le demos de comer a la misma hora todos los días no le importa lo que le pongamos en su plato.

Los padres de adolescentes autistas como yo pueden pensar que es muy difícil cambiarle la dieta. Conozco a alguien que es como yo que siempre quiere comer lo mismo y si sus padres no se lo dan, comienza a enfurecerse y se rehúsa a comer nada más. Hay muchas cosas envueltas en este caso ya que se encuentra la presencia de patrones, ansiedad, control y rechazo al cambio entre otros. El autista se siente tranquilo porque está acostumbrado al patrón del mismo tipo de comida, a la misma hora y de la misma manera.

La ansiedad ocurre cuando el autista ve una comida diferente y se da cuenta que se le ha roto el patrón. La falta de control ocurre cuando nos cambian el patrón y nos ofrecen de comer algo lo cual no esperábamos. El rechazo al cambio es inevitable si ha sido algo brusco y nos toma por sorpresa. Aún así y con todas estas cosas en contra, no es imposible ayudar a un autista a cambiar su dieta siempre y cuando se haga de una manera suave y cautelosa. Hay que tener en cuenta la manera de ser y las preferencias de cada persona. Ya que los patrones son algo que la gran mayoría de los autistas tienen en común, se pueden usar para facilitar este cambio.

Por ejemplo, a mí me gusta cortar la merienda en patrones cuadrados o en líneas. Si es algo que ya está cortado o viene suelto como zanahorias, aceitunas o galletitas, los arreglo en forma de patrón en el plato. Me da mucho gusto comer así ya que puedo ver el patrón, esto reduce mi ansiedad y le tengo menos rechazo porque al adornar la comida en patrón, me es más familiar.

LA ANSIEDAD

Considero que hay energía buena y energía mala. Para mí, la energía positiva existe cuando está pasando algo emocionante y el resultado va a ser bueno. La energía negativa ocurre cuando al final del evento algo malo puede suceder. Cuando me siento ansiosa, me pongo tensa y siento mucha energía dentro de mí. Hay muchas cosas que me pueden crear ansiedad, pero la mayoría de las veces sé muy bien por qué estoy nerviosa. La ansiedad puede presentarse al sentir excitación, miedo, enojo o preocupación a causa de cualquier motivo. Hay distintas maneras en las que se puede lidiar con este sentimiento tal como silbando, haciendo deporte o haciendo ejercicios de respiración. Conozco a personas que juegan con su cabello o hablan por teléfono hasta que la batería del celular se les termina y así reducen su ansiedad. Estas maneras de actuar son aceptadas por la sociedad ya que no es raro ver a alguien haciendo estas cosas.

Las personas autistas también tenemos que lidiar con estos períodos de ansiedad cuando estamos en público. Sin embargo, nuestras maneras para atacar el problema pueden ser vistas por otros como anormales.

Tal como mencioné anteriormente hay ciertas cosas que los autistas como yo solemos hacer que nos ayuda a relajarnos. Mover los brazos en forma de patrón, mecernos o girar nuestro cuerpo en una forma circular puede ser muy relajante. El movernos físicamente de alguna manera nos ayuda a liberar parte de esa energía que sentimos.

Durante la clase de ciencias con el Sr. Bello, aprendí que la energía es la capacidad para llevar a cabo la actividad vigorosa. Cuando me siento ansiosa o tensa, la mejor manera de calmarme es deshaciéndome de esa energía que está dentro de mí. Jugar con un lápiz o con mi cabello no funciona lo suficientemente rápido. Sin embargo, girar mi cuerpo en círculos es ideal. También me encanta saltar en un trampolín pequeño que tengo enfrente del televisor. Esto me funciona a la perfección porque puedo saltar el tiempo que quiera, mis movimientos son siempre los mismos creando mi propio patrón y mi ayuda muchísimo a deshacerme de la ansiedad. Por desgracia, esto es algo que no puedo hacer en un lugar público porque la gente se molesta o se pueden reír de mí. Esto quiere decir que tengo que buscar una manera que sea apropiada para ser llevada a cabo delante de otras personas y que a la vez me ayude a disminuir la ansiedad rápidamente. Es una situación difícil ya que las circunstancias en cada caso pueden variar y mi manera de actuar no siempre podría ser la misma. Si no encuentro la manera adecuada rápidamente, esto podría causarme aún más ansiedad y todo sería peor.

Supongamos por un momento que estoy enfrente de mi casa y de momento veo que un automóvil atropella a un perrito dos casas más allá de la mía. La ansiedad me haría querer correr tan rápido como pudiera para ver cómo se encuentra el perrito. Imaginemos ahora que la sociedad no aceptase que las personas corrieran no importa el motivo. Me vería obligada a caminar hacia el cachorro y mi ansiedad crecería aún más por no poder correr y por saber que la gente me está mirando. Esta impotencia, ansiedad y frustración es lo que sentimos algunos autistas cuando no podemos calmarnos de la forma que nos ayuda más. Sin embargo, hoy entiendo un poco mejor porque algunas cosas no se pueden hacer en público y hago lo posible para encontrar maneras alternativas para actuar.

Hay algunas canciones que me gustan mucho. Hace algún tiempo siempre cantaba en voz alta. Afortunadamente, he aprendido a cantar dentro de mi cabeza y aunque nadie me pueda escuchar, a veces canto tan alto que apenas puedo escuchar lo que está pasando a mi alrededor. Si estoy pasando por un momento difícil, me tapo los oídos y cierro los ojos y así puedo cantar aún más alto internamente. Todas las canciones que me gustan están en video y las he encontrado en el Internet en YouTube. Gracias a mi memoria puedo recordar los videos musicales con sus imágenes y sonidos casi exactamente en la manera que ocurren. Cantar o tararear en mi cabeza funciona muy bien para calmarme pero es mejor aún cuando puedo revivir las imágenes del video. Me he dado cuenta que hasta ahora, esta es la mejor manera que me ha funcionado para calmarme en público. Si lo hago bien, nadie tiene por qué darse cuenta de lo que estoy haciendo y no solamente me calmo, sino que nadie tendría motivos para reírse de mí.

ASEO PERSONAL

El aseo personal es algo que los niños aprenden a llevar a cabo según crecen. Debido a que son acciones repetitivas, los autistas de funcionamiento alto podemos aprender a llevarlos a cabo con el tiempo. Cosas como ducharse, lavarse los dientes, ponerse ropa limpia, limpiarse los oídos y peinarse el cabello son rutinarias. Hay personas que le gusta preparar su ropa la noche anterior. Una persona autista inicialmente tal vez no pueda entender por qué se hacen estas cosas todos los días, pero al ser algo repetitivo casi en forma de patrón, pueden hacerlas como una rutina.

Entiendo la importancia del aseo personal en parte gracias a una experiencia que tuve. Una vez que estaba en la calle pasé delante de un hombre que olía muy mal. Sus dientes eran de color amarillo y su cabello era un desastre. Llevaba pantalones vaqueros azules y una camisa verde muy sucia y tenía mucha suciedad debajo de las uñas. Estaba hablando solo y decía cosas que no tenían sentido para mí. Yo no sentí miedo porque no estaba sola, pero me dio lástima porque la gente se reía de él. Él estaba pidiendo dinero, pero nadie quería acercársele. Me lo imaginé con ropa limpia y bonita, con olor agradable y su cabello cubierto con una gorra roja. No era feo y se parecía un poco a Papá Noel, pero más delgado.

Pienso que si hubiese estado aseado la gente no se hubiese reído de él y tal vez le hubiesen dado dinero. En otras ocasiones he visto a gente darles dinero a personas cuando estaban más aseadas. Esto me hizo entender que la gente en general prefiere a una persona que tenga buen aseo personal y luzca bien.

El aseo personal es algo en lo que se puede trabajar con el autista siempre y cuando la enseñanza se lleve a cabo de una manera rutinaria. Es algo que podemos aprender poco a poco hasta el momento que lo hacemos sin pensar. Los pasos a seguir suelen ser siempre los mismos. El cepillo de dientes se agarra de cierta manera, y una vez se le aplica la pasta dental, el movimiento para limpiarse los dientes se lleva a cabo en forma de patrón. El baño es parecido. Una vez dentro de la ducha se puede usar el mismo patrón para enjabonarse y luego enjuagarse. De la misma manera, peinarse puede hacerse rutinariamente. Puede que esto suene algo fácil de hacer pero puede tener sus complicaciones. Si algo falla todo lo demás puede fracasar. Por ejemplo, si se termina el jabón antes de completar la ducha esto puede crear el rompimiento del patrón. Es importante que el autista tenga acceso a todos los materiales que le hacen falta para completar su rutina sin complicaciones. Todo depende del nivel de funcionamiento de la persona autista. Algunos pueden depender de que otra persona se asegure de que todo está en orden y otros pueden preparar lo que le pueden hacer falta ellos mismos. Realmente, todo es comenzar y poner empeño. Las primeras veces que una persona autista se lave la cabeza sola puede que no tenga éxito enjuagándose todo el champú. Ahora bien, una vez aprenda a enjuagarse bien y pueda reconocer por medio del tacto, cuando el cabello está libre de champú, ha avanzado un gran paso. Todos estos logros los podemos llevar a cabo mucho más fácil y con menos frustraciones siempre y cuando tengamos alguna persona cerca de nosotros que sea paciente y esté dispuesta a ayudarnos.

Siguiendo con el aseo, es importante hablar de nuestra ropa y manera de vestir. A los autistas se nos puede hacer difícil escoger la ropa apropiada. Una vez más, el sentido común juega un papel importante al tratar de combinar la ropa. Ya que nuestro sentido común funciona distinto al de las demás personas, podemos equivocarnos ante los ojos de los demás en nuestra elección. Puede que escojamos colores que a nosotros nos parezcan bien pero que los demás perciban como chocantes. Al no coincidir con las expectaciones sociales puede que tampoco coincidamos con los gustos de nuevos estilos y colores de temporada. Obviamente si algo no tiene sentido para mí, voy a tener dificultades llevándolo a cabo. Al gustarme tanto los patrones, sería lógico para mí ponerme una camisa de cuadros y unos pantalones de rayas. Sé que la gente se reiría de mí y tal vez me compararan a un payaso. También yo he visto algunas personas vestir de una manera que me provocan risa pero entiendo que yo soy la minoría y posiblemente sean ellos los que están vestidos correctamente.

Hace poco vi un programa en la televisión donde se estaba casado una princesa. Muchas invitadas llevaban sombreros muy elaborados. Algunos no me parecían raros pero otros sí. Uno de ellos en específico parecía que tenía un pájaro de plumas azules posado en la parte superior. Creo que aunque todas las personas llevasen un sombrero así yo no podría ponérmelo. Tan sólo pensar que tengo un pájaro gigante posado en mi cabeza me haría estallar en carcajadas tal como lo hice en Tae Kwon Do con las cabezas de los extraterrestres. Prefiero no usar un sombrero así.

Hay algunas cosas simples que hago para intentar evitar equivocarme al momento de escoger la ropa para vestirme. He aprendido que hay cierta ropa aceptable para ocasiones específicas. Como no puedo prever todas las posibilidades y eventos, pido ayuda y consejo cuando me siento perdida. El ver la televisión y observar la gente en la calle me ha ayudado mucho a crear un patrón de cómo la gente se viste en distintas ocasiones. Si el evento no es algo especial, en la mayoría de los casos es aceptable usar un pantalón vaquero y una camisa. Éstos no deben de ser del mismo color. En ocasiones especiales tal como bodas, cumpleaños o eventos religiosos hay que lucir ropa más elegante. Además, también hay colores que se requieren en ciertos momentos como negro para un funeral o verde para el día de San Patricio.

Con el paso del tiempo, me he dado cuenta que al principio yo era un desastre y aún hay veces que cometo errores pero también reconozco que he mejorado mucho. Aún hay ocasiones donde no me gusta la ropa que me tengo que poner pero reconozco que si quiero ser aceptada por la sociedad tengo que vestir como es esperado. Sólo espero que nunca me inviten a una boda real porque el sombrero del pájaro azul no pienso ponérmelo.

AUTOESTIMA

No estaba consciente de muchas cosas relacionadas con el autismo hasta hace aproximadamente un año cuando me enteré que soy autista. Debido a eso, no me daba cuenta y no entendía muchas de las cosas que entiendo hoy. Siempre fui muy observadora a las cosas que ocurrían a mi alrededor. Aunque no miraba a la gente a los ojos me daba cuenta cuando ellos me miraban. Me incomodaba mucho porque no sabía porque lo estaban haciendo. Mi madre siempre me decía que me miraban porque era muy bonita. No la creía por qué creo que todas las mamás dicen eso de sus hijas aunque no sea verdad. Ahora que ha pasado un año desde que estoy al tanto de mi autismo y estoy practicando mis ejercicios, pienso que muchas veces me miraban porque yo hacía algo raro que les llamaba la atención. Tal vez me mecía bruscamente o tarareaba en un momento inadecuado y esto los hacía mirarme. Al sentir que la gente me miraba, me avergonzaba y me dañaba mi autoestima.

Gracias a los ejercicios que he estado haciendo y a lo que he aprendido sobre el autismo, he encontrado otras maneras que no llaman tanto la atención para sentirme a gusto cuando hay gente alrededor.

La autoestima es, básicamente, cómo te sientes y cómo te ves. Cuanto mejor que sientas y mejor te veas más confianza tendrás. El tener la autoestima alta le permite a la persona hacer muchas cosas sin importarle mucho la posibilidad de fracasar o que los demás se rían de ella. Hay cosas que nosotros los autistas podemos hacer muy bien pero si no tenemos confianza no nos atrevemos a hacerlo delante de los demás.

Es muy difícil tener una buena autoestima cuando se duda continuamente de lo que uno siente o hace. Debido a que nuestra percepción es distinta a la mayoría de las personas, tenemos la tendencia a dudar mucho. Por ejemplo, una persona que quiere cruzar la calle simplemente espera en la esquina hasta que la luz del peatón indique que puede pasar. Una vez la luz peatonal se encienda, la persona simplemente cruza asegurándose antes de que los autos se han detenido. Suena simple pero no es tan fácil hacer esto para una persona autista. Nos pueden venir a la mente cientos de dudas y preguntas antes de animarnos a proseguir. Para nosotros sería lógico preguntarnos: "¿Todos los coches se detendrán a tiempo?¿Qué pasa si la luz cambia repentinamente mientras estoy en el medio de la calle? ¿Habrá otras personas cruzando? ¿Seré el único que cruce?" Y muchas otras preguntas que son demasiadas para mencionar aquí. No sería extraño que una persona autista espere el cambio de varias luces antes de animarse a cruzar. De esta manera, tendría la oportunidad de estudiar los patrones alrededor de la travesía. Podría fijarse en si todos los autos se detuvieron a tiempo cada vez que la luz cambiaba, si había mucha gente esperando para cruzar en cada ocasión y si la luz peatonal duró el tiempo suficiente para permitir llegar al otro lado de la calle.

El motivo por el cual los autistas hacemos este tipo de cosas no es para hacer un estudio de cómo las personas cruzar la calle. Lo hacemos porque nos sentimos más seguros ya que al estudiar los patrones podemos incrementar las posibilidades de llegar al otro lado de la calle a salvo. Es difícil tener una buena autoestima cuando la mente pasa tanto tiempo cuestionando todo lo que le rodea.

He oído decir que cuanto más sabes, más te das cuenta de lo poco que sabes. Esto es cierto en mi caso. Volviendo a cuando me daba cuenta de que la gente me miraba y no sabía por qué. Me alegra decir que esto me pasa mucho menos hoy día. Hoy entiendo que si hago cosas inapropiadas en público las personas me van a mirar con curiosidad. Ahora cuando siento el impulso de hacer algo que le puede parecer inapropiado a los demás, me doy cuenta que uso mucha energía mental para tratar de detenerme y encontrar otra manera de comportarme. Esto no lo hacía cuando sabía menos sobre el autismo. A veces tengo éxito pero otras no. Es más fácil evitar el comportamiento antes de que ocurra a poder pararlo una vez alguien se ha dado cuenta. Por lo tanto, cuanto más se, más esfuerzo me cuesta para tratar de hacer las cosas bien. Cuando no estaba al tanto de toda la información que tengo hoy día la vida era más fácil para mí. No cuestionaba tantas cosas como hoy pero era un frustrante no entender por qué yo hacía lo que hacía y por qué las personas reaccionaban de cierta manera al verme. Sería maravilloso si existiese una píldora para aumentar la autoestima, pero no la hay. Afortunadamente, he podido encontrar algunas cosas que puedo hacer sola o acompañada que me ayudan a mejorar mi autoestima.

En primer lugar, me dieron la tarea de identificar mis cualidades. Esto sucedió el año pasado y al principio me dio mucho trabajo nombrar ejemplos. La mayoría de estos ejemplos no eran muy buenos y luego me enteré que esto sucede cuando la autoestima es baja. La falta de confianza en uno mismo no permite poder ver las buenas cualidades que uno posee. Esto puede causar que la persona no acepte el hecho de que sobresale en alguna área.

Mi madre siempre me dijo que tengo una memoria de oro. Me daba gracia porque cuando la escuchaba, imaginaba un lingote de oro dentro de mi cerebro. No la creí ya que siempre está diciendo cosas buenas de mí y pienso que no todas son verdad. Aún así, ella me daba ejemplos para demostrarme que lo que decía era cierto pero yo seguía sin creerla. Sin embargo, había ocasiones donde me daba cuenta que podía recordar muchas cosas que otras personas habían olvidado. Nunca pensé tener un "atributo especial" hasta que un día me di cuenta que estaba equivocada.

Cuando no quiero escuchar algo, me distraigo pensando en otra cosa al punto de bloquear casi por completo lo que tengo alrededor. Esto no puedo hacerlo cuando estoy en la presencia de extraños ya que tengo que estar alerta a lo que ocurre en caso que tenga que tomar alguna acción. Ahora bien, cuando estoy en un sitio seguro como mi casa, puedo desconectarme tranquilamente ya que nadie va hacerme daño. Una de las maneras en que me distraigo es viendo una película en mi mente. Tengo la habilidad de memorizar fácilmente y si una película me gusta se me hace mucho más fácil memorizarla. Esto no es algo que hago a propósito, simplemente se me graba en la mente sin darme cuenta. Esto también me pasa no sólo con películas sino también con cualquier evento tal como una conversación entre dos personas o cualquier otro tipo de interacción entre personas o animales.

Hay una película que me encanta que se llama Ratatouille. Se trata de una rata a la que le encanta cocinar. Me gustó tanto la primera vez que la vi, que me la compré para poder volver a verla en mi casa. Me di cuenta que se me grabó en la mente rápidamente y esto me agradó porque cuando estaba en casa podía ver la película aunque no estuviese al frente del televisor. Al principio tenía que cerrar los ojos para ver mejor. Es como si en el cine mantuviesen las luces encendidas mientras la película está rodando. La película se ve pero no es la misma calidad. Aún así disfruto mucho de mis grabaciones. Puedo rebobinar, pausar o ir hacia adelante al punto que yo quiera. Cuando una escena me parece muy graciosa por la expresión de las personas, suelo pausarla. Ahí tengo que tener cuidado porque se me puede saltar alguna carcajada. Si hay alguna sección que me parece aburrida, suelo adelantar la película a la próxima escena. Es como si tuviese un mando invisible en mi cerebro que controla la película, tal como la gente hace en la vida real con su mando manual. Hay que recordar que los autistas tenemos un componente obsesivo y nos gustan los patrones y la repetición. Esto me ocurre cada vez que veo la misma película ya sea en mi mente aún la vida real, la misma escena o cualquier cosa que ya había hecho anteriormente. Ver una película por segunda, tercera o cuarta vez mantiene el patrón ya que me permite estar en control y predecir los resultados. Pienso que este es el motivo por el cual no me molesta que se me graven las cosas tan fácilmente.

Después de unas cuantas veces aprendí a ver la película mentalmente con los ojos abiertos. Esto ocurrió a raíz de que un día estaba sentada en la mesa haciendo la tarea de matemáticas. La verdad es que no estaba haciendo ninguna tarea, sino viendo mi película favorita. Mi madre notó que tenía los ojos cerrados y me preguntó si me estaba quedando dormida. En ese momento me di cuenta que tenía que buscar la manera de poder disfrutar de mis grabaciones mentales sin que nadie se dirá cuenta para que no se molestasen en conmigo. A raíz de esto fue que aprendí a ver mis películas mentales con los ojos abiertos.

Nadie se había dado cuenta de que yo hacía esto y nunca lo mencioné porque pensaba que todo el mundo hacia lo mismo. Simplemente, pensaba que las personas tenían mucho cuidado cuando lo hacían en público para que nadie se diera cuenta. Ese día fue diferente porque mi madre se dio cuenta y me pilló.

Un día mi madre estaba molesta conmigo por algún motivo el cual no recuerdo cuál era en este momento. Yo estaba sentada en la mesa de la cocina viéndola cocinar y ella no hacía más que protestar y protestar y protestar. Decidí que era un buen momento para ver una película en mi cabeza en lo que ella se calmaba. Como ya había aprendido hacer esto con los ojos abiertos, me pareció una buena idea así mi madre no se daría cuenta de que la estaba ignorando. De repente, la película llegó a una parte muy divertida y no pude aguantar las carcajadas. Mi madre pensó que me estaba riendo de ella y se puso furiosa. Me había descubierto y no me quedó más remedio que decirle la verdad de lo que estaba pasando.

Mi madre me pidió que le explicara exactamente lo que yo estaba haciendo y por qué me reía de esa manera. A veces me dice que me río como una cucaracha loca. Esto me confunde porque ninguna de las fotos en mi mente incluye una cucaracha riéndose. El caso es que no entendía por qué mi madre me escuchaba con tanta atención. Quería saberlo todo con lujo de detalles. Yo estaba muy confundida porque ella se sonreía y aparentaba estar sorprendida y muy feliz. Hasta este momento yo seguía pensando que todo el mundo podía hacer lo mismo, simplemente tenían cuidado de no ser descubiertos. Mi madre seguía con sus preguntas y a veces cuando yo le contestaba me daba gracia por que abría los ojos como platos y parecían que le iban a estallar. Tuve que explicarle todo como que podía ver una película entera con imágenes, sonidos, colores y todo igual que la pantalla real, pero en mi cabeza. Entonces comenzó a preguntarme sobre otras películas, escenas específicas, partes del diálogo, y detalles como de qué color era la camisa o el vestido de alguien en la escena.

Me tomó algo de tiempo entender que la mayoría de las personas no podían hacer esto como lo hacía yo porque no tienen una memoria como la mía. Mi madre me explicó que la mayoría de las personas podían recordar ciertas cosas pero de una manera más general. También me explicó que es normal recordar ciertos detalles cuando son importantes para alguien pero lo que no era muy común era recordar todas las cosas, en todo momento con sus diálogos exactos y detalles visuales. Dos cosas buenas ocurrieron este día. La primera es que mi madre se olvidó del enfado que tenía. La segunda es que por fin había descubierto en mí una cualidad importante.

A partir de ese día comencé a sentirme más importante. Me hace sentir bien saber que tengo una memoria de oro y esto no significa un lingote dentro de mi cerebro. Me siento importante cuando la gente alaba mi memoria. Mi madre ya no suele escribir muchas cosas como por ejemplo la lista del supermercado. Antes de salir de casa, recorre la cocina viendo a ver qué nos falta y me dice: "apunta".

La tarea que me dieron cuando estaba hablando sobre el auto estima, fue para qué yo me diera cuenta de mis atributos positivos. Se me hizo un poco difícil pero al fin lo logré. Mencioné cosas reales, como la memorización y el deporte. Saber que sobresalía en algo fue el comienzo para que me sienta mucho mejor conmigo misma.

Este tipo de tarea, la de nombrar atributos personales, puede ser difícil de hacer para una persona autista. Es mucho más fácil cuando alguien de confianza está envuelto, ya que esa persona puede ayudara a señalar las cosas positivas que ve en la persona con autismo pero que tal vez él o ella no ha descubierto. En mi caso se trataba de mi memoria. A pesar de que sabía que la tenía, pensé que todo el mundo era igual.

Andar en bicicleta, nadar, correr o hacer cualquier otro tipo de deporte tampoco me pareció un atributo hasta que alguien me señaló que este tipo de actividades ayudan a mantenerme sana y me permiten "comer como una bestia", sin tener que preocuparme por mi salud.

Hay algo más y quizás lo más importante que las personas cercanas al autista pueden hacer para ayudarles a subir su autoestima y así poder identificar sus cualidades más fácilmente. Tener confianza en ellos.

El único ejemplo en el que puedo pensar ahora es cuando fui a la competencia de Tae Kwon Do el año pasado. Estaba asustada, nerviosa y sentía mucha vergüenza de todo. Esto significaba que tenía que ver caras luces y sonidos nuevos, a la misma vez que un montón de extraños me iban a mirar y verían como otros me molerían a golpes.

 Me siento muy agradecida a todas aquellas personas que creyeron en mí ya que esa confianza me ayudó mucho. El Sr. Martin, uno de mis instructores de Tae Kwon Do, me dijo que él pensaba que lo haría bien.

Creí en él porque nunca se ha equivocado. El Sr. y la Sra. Isaacs, también le dijeron a mi madre que yo estaba lista para la competencia. También me enteré que todos mis instructores iban a estar allí para apoyar a sus alumnos y que muchos de mis compañeros también iban a participar. Ha pasado casi un año desde que todo esto ocurrió pero hoy día, cuando pienso que hay algo que no puedo hacer, voy a mi habitación y contemplo la medalla que gané en el combate. Esto me ayuda a reconsiderar cuando no siento la suficiente confianza para tratar de hacer algo.

Me entristece saber que no todos los niños autistas como yo tienen la suerte de contar con personas buenas que puedan cuidar de ellos, educarlos y ayudarlos a hacer algún ejercicio para poder mejorar. Sin embargo me entristece mucho más saber que hay autistas que aunque tienen la suerte de contar con personas que los quieren mucho, no hacen ningún tipo de ejercicio que los ayude por qué al no saber de su existencia tampoco saben los buenos resultados que pueden traer.

En muchas ocasiones no he querido hacer un ejercicio porque había otra cosa que me llamaban más la atención. Me he molestado cada vez que he sentido que estaba siendo obligada pero al final, no me ha quedado más remedio. Sin embargo, tengo que admitir lo bien que me siento cada vez que veo resultados positivos.

Hay otras formas de ayudar a una persona autista a mejorar su autoestima. Sin embargo estas maneras también dependen de otras personas. Nosotros los autistas nos podemos dar cuenta de muchas cosas que otras personas pueden ignorar. La tendencia que tenemos a fijarnos en los detalles a veces nos provee una información que el resto de las personas pueden carecer. Claro está que el problema es de cómo los autistas vamos a interpretar esa información y aquí es donde la individualidad de que cada persona entra en juego. Puedo fijarme en un detalle y llegar a una conclusión aunque la persona que tenga al lado llegue a otra. De cualquier manera, el niño o adolescente autista como yo, se beneficia mucho al saber que hay alguien ahí disponible para protegerle de cualquier mal. Nuestras mamás suelen ser muy protectoras pero me refiero más a un tipo de héroe, como los de la televisión.

Creo que es muy importante para todas las personas, sobre todo para el autista, tener a alguien a quien admirar tal como un héroe que a la vez pueda servirnos de modelo. Puede ser alguien de la televisión, de un libro o de la vida real. Tener un modelo le da a la gente una idea de qué clase de persona quieren ser y qué tipos de cosas quieren hacer en el futuro. Por supuesto, es importante aceptarnos tal y como somos. Sin embargo, si admiramos una cualidad en otra persona, esto puede servirnos de guía para mejorar las nuestras propias.

Mi modelo es mi tío Miguelangel Santimanzano, al cual yo llamo Tío Teto. Yo quiero ser como él en todos los sentidos, excepto que a veces él se afeita la cabeza y yo no quiero hacer eso. Es una persona impresionante. Su trabajo es proteger al mundo de la gente mala. Él es grande y fuerte. Él lo sabe todo y conoce a todo el mundo. A veces se disfraza para hacer su trabajo o simplemente para jugar. Él ha viajado por todo el mundo y la semana pasada lo vi en la televisión mientras lo entrevistaban. Sé que todas estas cosas son impresionantes, pero esto no es nada en comparación con las cosas que él hace por mí. Él siempre llega cuando lo necesito. Arregla mi computadora, encuentra a mis perros cuando se escapan y me hace regalos sorprendentes. Él me regaló un caballo llamado Bubbah, una placa de policía con mi propia identificación y un rifle para que yo pudiera ser como él. Él incluso ayudó a mi papá a colgar el columpio de la goma de camión y arregló mi patinete eléctrico...

Amanda   Tío Teto   Bubbah

Tener un héroe como el tío Teto me hace sentir segura porque sé que no dejará que nadie me haga daño. También me hace sentir orgullosa. Le pido a mi madre que me cuente anécdotas pasadas que aún no conozca acerca de él y algunas de esas historias son muy buenas. Yo veo lo fuerte y atrevido que es y que me dan ganas de mejorarme a mí misma para ser como él. Creo que él tiene todas las cualidades que me faltan a mí. Él no tiene miedo a nada en este mundo y creo que él puede hacer cualquier cosa que se proponga. A veces, cuando siento miedo de algo, me pregunto qué haría Tío Teto y eso me ha ayudado a sentirme lo suficientemente fuerte como para hacer lo que tengo que hacer.

También es muy importante para los niños autistas sentirse seguros en la escuela. Los niños pasan mucho tiempo en el colegio y por eso debemos sentirnos a salvo durante todas esas horas que estamos estudiando. Voy a un colegio muy bueno que se llama Killian Oaks Academy, y he asistido allí desde el primer grado. Fui a otra escuela antes de empezar el primer grado pero me echaron. Yo tendría cinco años o algo así y no estaba presente cuando hablaron con mis padres pero recuerdo que mi mamá me contó que habían recomendado que buscáramos una escuela que pudiese lidiar mejor con mis necesidades especiales. Como yo no me enteré que era autista hasta el año pasado, no entendía por qué me había echado. Mi madre me cuenta que la profesora se quejaba de que yo subía arriba del escritorio y me ponía bailar y los niños no podían concentrarse en la clase. Hoy día pienso que tal vez yo me sentía con tanta ansiedad que tal vez subía arriba del escritorio y giraba mi cuerpo en círculos tal como me gusta hacerlo hoy. Es posible que la profesora pensara que yo estaba bailando cuando solamente quería relajarme. De todas maneras, mi mamá insiste que no me echaron y dice que simplemente pensaban que otra escuela podría enseñarme mejor. Desde ese momento empecé en Killian Oaks Academy. A pesar de que no he asistido a otra escuela desde entonces y tal vez no tenga mucha información para hacer una comparación, veo las noticias y hablo con miembros de mi familia que asisten a otras escuelas. De esta forma se que hay muchas cosas malas que ocurren en otros colegios que no suceden en el mío tales como peleas, malos maestros o alguien que viene de la calle a dispararle a los alumnos.

Me gusta mucho mi colegio. No me gusta tener que hacer tarea o estudiar para los exámenes pero en este momento me refiero al tiempo que estoy presente en el colegio durante el día. Los profesores siempre están sonriendo y me recuerdan mucho a Disneylandia. Hablan en un tono muy suave y nos explican las cosas una y otra vez hasta que por fin entendemos la lección. Nunca se enfadan ni nos levantan la voz.

Lo mejor de todo es que Killian Oaks Academy tiene cámaras de vigilancia por todo el lugar. Estas cámaras se encuentran dentro y fuera de la escuela, por lo que incluso el campo de deporte y el estacionamiento están siendo vigilados. Nadie puede entrar y lastimar a los estudiantes sin ser visto. Hay un portón enorme que sólo permite a los padres o los autobuses especiales entrar para dejar y recoger a los niños.

El Sr. Bello, el entrenador, se encuentra en frente de la escuela cada mañana y cada tarde tras el portón, asegurándose de que todo está bien y de que ningún extraño se cuela en la escuela. La Sra. Rincón es la directora de la escuela, pero se comporta como la mamá de todos. Besa a los estudiantes en la cabeza cuando los ve y les habla con voz suave. No creo que nadie tenga miedo de hablar con ella o de pedirle algo.

Mi madre la llama la reina. Esto es porque las reinas son las jefas de sus hogares y siempre saben lo que es lo mejor. Mi madre es la reina de mi casa, pero me ha dicho que mientras estoy en el colegio La Sra. Rincón es la reina y debo respetar lo que dice. Me gusta mucho como es y no es sólo porque la conozco hace tanto tiempo si no porque veo el tratamiento que tiene con otros niños y se puede decir que se comporta como una madre para todos. También me gusta como se ve porque se parece a una muñeca Barbie y siempre está muy bonita. La Dra. Rincón es otra principal. Creo que ella es hija de la Sra. Rincón y también es muy bonita, pero pasa más tiempo con los niños pequeños. A veces, la Sra. Rincón y la Dra. Rincón están en frente de la escuela por la mañana dándoles la bienvenida a los niños. Es muy bonito... al igual que en Disneylandia.

Hablo de mi colegio por un motivo muy importante. La mayoría de las personas autistas pueden sentir mucha inseguridad la mayor parte del tiempo. Es bastante difícil tener que lidiar con miedos e inseguridades casi constantemente. Estar en un colegio como el mío me ha ayudado a sentirme más segura en muchas maneras. Paso muchas horas allí y es bueno poder pasarlas tranquila sabiendo que estoy a salvo y que ningún extraño entrará a hacerme daño. También estoy tranquila porque conozco la manera en la cual los profesores se comportan con nosotros los estudiantes. Nunca me han regañado ni me han gritado y por este motivo no siento ninguna inseguridad cuando tengo que hacer alguna pregunta o pedir algo. Claro está que mi autismo siempre está presente pero lo siento más fuerte algunas veces que otras. Cuando estoy en el colegio no lo siento tan fuerte.

Hay una cosa más que me ha ayudado mucho cuando se trata de mi autoestima. A veces veo a un psicólogo. Su nombre es Dra. Shelley Slapion-Foote, pero yo la llamo Dra. Shelley. Ella es muy agradable y divertida. Por lo general me pregunta cómo van las cosas y me deja hablar de lo que yo quiera. Siempre me recuerda que soy una persona importante y que mis decisiones tienen valor y serán respetadas. También dice que tengo mucho potencial y que soy más inteligente de lo que los demás se piensan. Es bueno poder hablar con alguien sabiendo que no importa lo que digas, no te vas a meter en ningún problema. Pienso que mi autoestima ha mejorado mucho gracias a ella, aunque escuchando hablar al la Dra. Shelley, la autoestima de cualquier persona también mejoraría.

He mejorado mucho este año pasado. Una cosa es que alguien me lo diga y otra cosa es cuando lo veo por mí misma. Entiendo que todas las personas son distintas. También los autistas somos distintos unos de los otros pero compartimos muchas similitudes en nuestra forma de actuar, sentir, interpretar y de pensar. Es posible que mis ejercicios no puedan ser llevados a cabo por todos los autistas del mundo. Hay muchos factores que juegan un papel muy importante en el éxito de estos ejercicios. Si muchos de estos factores coinciden con los míos, es posible tener éxito como yo. Las cosas más importantes son que el autista tenga un funcionamiento alto, tener a alguien que entienda sobre el autismo y esté disponible a ayudar con los ejercicios, y sobre todo mucho empeño y paciencia para salir adelante.

Finalmente, quisiera dar un consejo final para las personas que están tratando de ayudar a alguien con autismo a mejorar su calidad de vida. Recuerden que por regla general somos muy observadores pero nuestro sentido común nos puede traicionar. Por ese motivo muchas veces aprendemos mejor cuando nos demuestran algo con hechos ya que las palabras pueden ser confusas para nosotros. Recibir una sonrisa de alguien a quien queremos, no tiene precio. Sea paciente y recuerde que si usted se siente frustrado al no ver resultados positivos con la persona autista, nosotros posiblemente sintamos la frustración 10 veces más fuerte. Por último, cuando vea algún tipo de progreso o éxito en el comportamiento de la persona autista, déjeselo saber y alábele todo su esfuerzo y empeño. Puede que nos cueste mucho conseguir algo pero a veces le damos más importancia al alabo de la gente que queremos, que al logro en sí.

Aviso Legal y Responsabilidad

El autor ha tratado de ser lo más preciso y completo en la creación de este libro.

La información presentada es para fines educativos e informativos solamente. Se ha hecho todo el esfuerzo posible para representar con precisión este libro y su potencial. No hay ninguna garantía de los beneficios derivados del uso de las técnicas e ideas que aquí se presentan. Los ejemplos en este libro no deben interpretarse como una promesa. El potencial de beneficios depende por completo de la persona que utiliza este libro, las ideas y técnicas.

El autor no asume ninguna responsabilidad por la interpretación equívoca de la materia representada. Se le advierte al lector que use su propio juicio acerca de sus circunstancias individuales para actuar en consecuencia. Se les aconseja a todos los lectores siempre buscar los servicios y opiniones de los profesionales con licencia, cualificados y competentes en el campo de la salud médica y mental. La información se presenta "tal cual" y no hay ninguna garantía. El autor de este libro no será responsable de reclamos de pérdida, ya sean directos, indirectos, o de otra manera, con respecto al uso de los ejercicios mencionados en este libro.

Ninguna parte de este trabajo puede ser reproducida o transmitida en cualquier forma o por cualquier medio, electrónico o mecánico, incluyendo grabación, de fotocopia o por cualquier sistema de almacenamiento o de recuperación, sin el permiso escrito del propietario del copyright.

www.ingramcontent.com/pod-product-compliance
Lightning Source LLC
Chambersburg PA
CBHW072320290526
45794CB00002B/716